추론 문해력
2단계

추론 문해력 2단계
초등 국어 수학과 연계하여 추론 능력을 키워 준다

초판 발행일　2025년 12월 12일
2쇄 발행일　2026년 1월 23일

지은이　이형래
펴낸곳　국수

등록번호　제2018-000158호
주소　경기도 고양시 일산동구 진밭로 36-124
전화　(031) 908-9293
팩스　(031) 8056-9294
전자우편　songwriter@kuksu.kr

ISBN 979-11-90499-76-7　04000
ISBN 979-11-90499-74-3　(세트)

책값은 뒤표지에 쓰여 있습니다.

잘못 만들어진 책은 구입하신 서점에서 교환해 드립니다.
이 책에 사용한 이미지는 대부분 Freepik에서 제공 받았습니다.

추론 문해력

초등 **국어 수학**과 **연계**하여
추론 능력을 키워 준다

2단계

이형래 지음

국수

‘추론 문해력’으로 공부 근육을 키워요

‘추론’이란 무엇일까요? 추론은 얼핏 보면 눈에 띄지 않는 의미를 알아차리는 능력이에요. 예컨대, 이런 문장이 있어요. 우산을 펼쳤다. 빗방울이 후드득 내리쳤다. 이 짧은 두 문장에는 ‘펼친 우산에 빗방울이 떨어졌다.’라는 사실보다 더 자세한 정보가 담겨 있어요. 그것은 ‘후드득’이라는 낱말에서 ‘빗방울’이 ‘굵은’ 빗방울이었음을 나타내고 있다는 것이에요. ‘굵은’은 문장에는 드러나지 않았지만, ‘내리쳤다’라는 표현에서 방금 비가 쏟아져 내리기 시작했음을 우리는 추론할 수 있어요. 이처럼 추론은 글의 ‘겉’을 읽으며 ‘속’까지 파악하는 능력이며, 그럼으로써 글의 의미를 발견하는 사고 활동이에요.

추론 능력이 뛰어난 독자는 글을 읽는 것을 넘어, 글쓴이의 생각까지 깊게 파악해요. 그래서 추론 문해력은 생략된 내용은 물론이고, 글에 직접 나타나 있지 않은 글쓴이의 집필 의도와 목적, 글 읽기에 필요한 배경 지식까지 예측하며 글의 의미를 확장해 가는 활동이에요. 그러한 추론 문해력은 저절로 생겨나지 않아요. 다양한 글을 읽고 쓰는 과정을 통해 추론하는 사고 훈련을 꾸준히 거쳐야만 그 능력이 자라는 거예요.

추론 문해력은 근육 같아요. 그 근육은 오래, 깊게 공부하기 위해 꼭 필요한 공부 근육이에요. 근육이 체력을 만들 듯, 추론 문해력은 공부 능력을 만들어요. 영양의 균형을 갖춘 음식을 먹고 꾸준히 운동해야 더욱 건강해지듯이, 추론 문해력을 갖추어 공부를 해야 바라는 성과도 올릴 수 있어요.

4권으로 구성된 '추론 문해력 시리즈'의 둘째 단계인 이 책은 어린이 독자가 학교 공부와 연계하여 추론 능력을 자연스레 기를 수 있도록 초등학교 저학년 국어·수학 교과의 핵심 내용을 글감으로 만들었어요. 자녀의 건강을 생각하며 부모께서 정성껏 만드신 집밥 같은 글감을 최고의 문해력 교육 전문가가 직접 썼어요. 추론 문해력 식단으로는 영양 만점이라고 자부할 만한 이 책으로 추론 능력을 튼튼하게 길러 보세요.

2025년 마지막 달에

문해력 교육 전문가 이형래

이 책의 구성

지문

여러 낱말이나 짧은 글로 이루어진 지문입니다. 이 지문은 아래의 문제에서 쓰일 추론의 재료입니다.

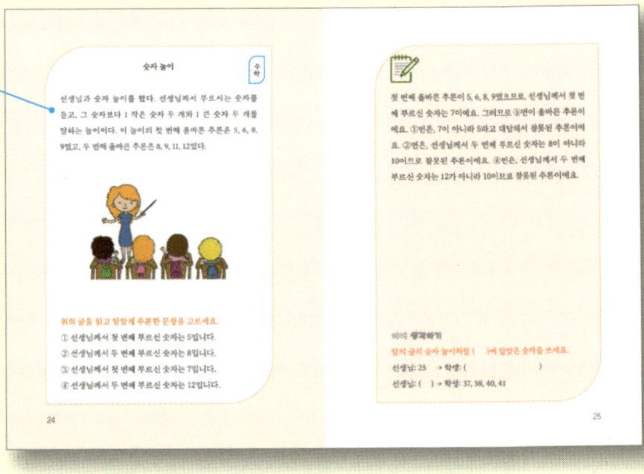

숫자 놀이

수학

선생님과 숫자 놀이를 했다. 선생님께서 부르시는 숫자를 듣고, 그 숫자보다 1 작은 숫자 두 개와 1 큰 숫자 두 개를 말하는 놀이이다. 이 놀이의 첫 번째 올바른 추론은 5, 6, 8, 9였고, 두 번째 올바른 추론은 8, 9, 11, 12였다.

위의 글을 읽고 알맞게 추론한 문장을 고르세요.

① 선생님께서 첫 번째 부르신 숫자는 5입니다.
② 선생님께서 두 번째 부르신 숫자는 8입니다.
③ 선생님께서 첫 번째 부르신 숫자는 7입니다.
④ 선생님께서 두 번째 부르신 숫자는 12입니다.

24

첫 번째 올바른 추론이 5, 6, 8, 9였으므로, 선생님께서 첫 번째 부르신 숫자는 7이에요. 그러므로 ③번이 올바른 추론이에요. ①번은, 7이 아니라 5라고 대답해서 잘못된 추론이에요. ②번은, 선생님께서 두 번째 부르신 숫자는 8이 아니라 10이므로 잘못된 추론이에요. ④번은, 선생님께서 두 번째 부르신 숫자는 12가 아니라 10이므로 잘못된 추론이에요.

앞의 글의 숫자 놀이처럼 ( )에 알맞은 숫자를 쓰세요.

선생님: 25 → 학생: ( )

선생님: ( ) → 학생: 37, 38, 40, 41

25

문제

위의 지문에 대한 사지선다형 문제입니다. 알맞게 추론한 문장을 독자가 고르도록 출제되었습니다.

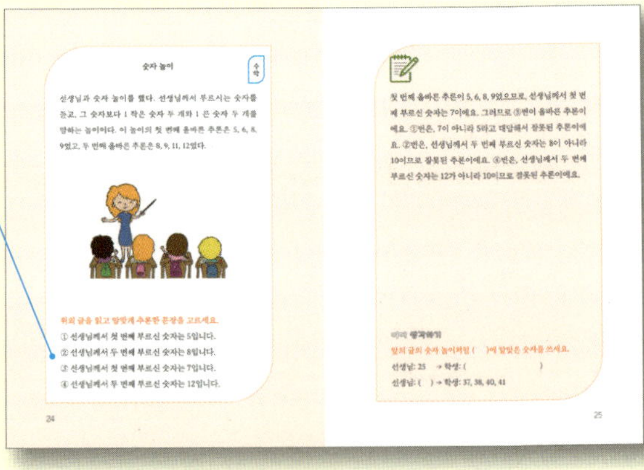

숫자 놀이

수학

선생님과 숫자 놀이를 했다. 선생님께서 부르시는 숫자를 듣고, 그 숫자보다 1 작은 숫자 두 개와 1 큰 숫자 두 개를 말하는 놀이이다. 이 놀이의 첫 번째 올바른 추론은 5, 6, 8, 9였고, 두 번째 올바른 추론은 8, 9, 11, 12였다.

위의 글을 읽고 알맞게 추론한 문장을 고르세요.

① 선생님께서 첫 번째 부르신 숫자는 5입니다.
② 선생님께서 두 번째 부르신 숫자는 8입니다.
③ 선생님께서 첫 번째 부르신 숫자는 7입니다.
④ 선생님께서 두 번째 부르신 숫자는 12입니다.

24

첫 번째 올바른 추론이 5, 6, 8, 9였으므로, 선생님께서 첫 번째 부르신 숫자는 7이에요. 그러므로 ③번이 올바른 추론이에요. ①번은, 7이 아니라 5라고 대답해서 잘못된 추론이에요. ②번은, 선생님께서 두 번째 부르신 숫자는 8이 아니라 10이므로 잘못된 추론이에요. ④번은, 선생님께서 두 번째 부르신 숫자는 12가 아니라 10이므로 잘못된 추론이에요.

앞의 글의 숫자 놀이처럼 ( )에 알맞은 숫자를 쓰세요.

선생님: 25 → 학생: ( )

선생님: ( ) → 학생: 37, 38, 40, 41

25

해설

앞쪽의 문제에 대한 해설입니다. 선지(선택 항목)마다 알맞거나 알맞지 않은 까닭을 풀어 설명하여 정답을 밝혔습니다.

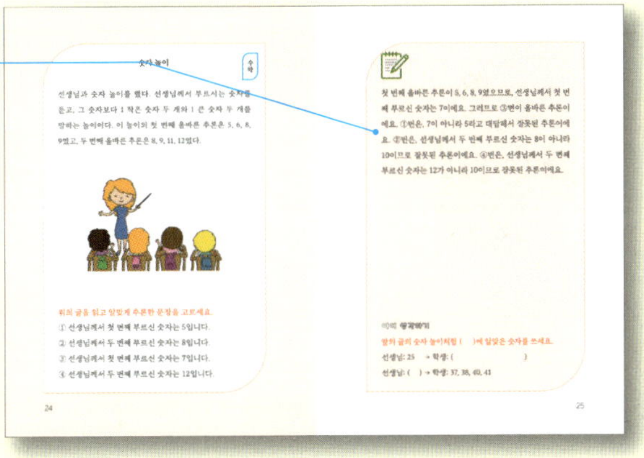

이어 생각하기

앞쪽 문제의 주제에서 비롯된 짧은 새 문제입니다. 정답이 있는 문제도 있고, 자유롭게 대답해도 되는 문제도 있습니다. 이 책 맨 뒤의 [이어 생각하기 예시 답]에서 알맞은 답을 확인할 수 있습니다.

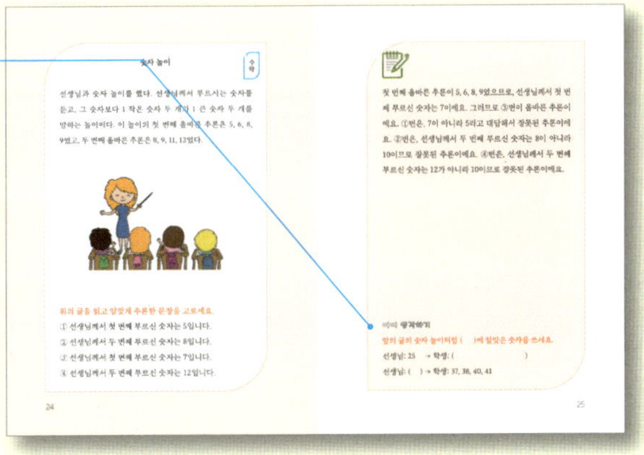

차례

차례

12345
67890

의미 단어와 무의미 단어

국어

꿈

활몽

쭈피카

송다리옹

파프리카

위의 낱말들을 읽고 알맞게 추론한 문장을 고르세요.

① '꿈'은 아무 뜻이 없는 무의미 단어입니다.

② '활몽'은 주몽의 형을 가리키는 의미 단어입니다.

③ '쭈피카'와 '송다리옹'은 뜻이 있는 의미 단어입니다.

④ '파프리카'는 단맛이 나며 아삭아삭한 식감이 있는 채소로, 의미 단어입니다.

'파프리카'는 실제로 존재하는 채소로, 달콤하고 아삭한 특징을 가지고 있어요. 파프리카는 뜻이 있는 의미 단어이므로 ④번이 올바른 추론이에요. ①번, '꿈'은 이루고 싶은 희망이나 헛된 기대, 잠자는 동안 꿈속에서 여러 가지를 보고 듣는 것을 의미하는 단어로, 무의미하다고 볼 수 없어요. ②번, '활몽'은 고구려를 세운 동명 성왕의 이름인 '주몽'과 관계없는 단어예요. ③번, '쭈피카'와 '송다리옹'은 실제로 존재하지 않는 단어이므로 의미 단어가 아니에요.

이어 **생각하기**

다음 낱말 중에서 의미 단어가 아닌 것은?

① 사과 ② 하늘 ③ 나무 ④ 몰리카

깊고 푸른 하늘 아래

국어

깊고 푸른 하늘 아래 펼쳐진 논이 금빛으로 물들어 마치 황금색 바다 같아요. 물결이 출렁거리듯이 황금색 벼가 물결처럼 일렁거리고 있어요. 시끌벅적한 자동차 소리는 들리지 않아요. 밤에는 귀뚤귀뚤 귀뚜라미 소리도 들릴 거예요.

위의 글을 읽고 알맞게 추론한 문장을 고르세요.

① 황금색 벼는 바람이 불어도 흔들리지 않습니다.

② 이 장면은 도심 한복판에서 볼 수 있는 풍경입니다.

③ 이 장면은 바다 위에 있는 논을 나타내고 있습니다.

④ 논이 금빛으로 물든 것은 벼가 잘 익었기 때문입니다.

논이 금빛으로 물든 것은 벼가 잘 익었기 때문이에요. 가을이 되어 벼가 황금색으로 변하면 농부는 벼를 수확할 준비를 해요. 그러므로 ④번이 올바른 추론이에요. ①번은 잘못된 추론이에요. 글에서는 "물결이 출렁거리듯이 황금색 벼가 물결처럼 일렁거리고 있어요."라고 했으므로 바람이 불면 벼가 흔들린다는 걸 알 수 있어요. ②번도 잘못된 추론이에요. 도심 한복판에서는 논을 보기 어렵고, 자동차 소리 대신 밤이면 귀뚜라미 소리가 들릴 거라고 했으니까요. ③번도 잘못된 추론이에요. 논이 바다 위에 있는 것이 아니라, 황금빛 벼가 출렁이는 모습이 마치 바다 같다고 비유한 거예요.

이어 **생각하기**

앞의 글의 분위기와 가장 잘 어울리는 낱말을 고르세요.

① 평화롭다　　② 시끌벅적하다

③ 북적이다　　④ 복잡하다

무궁화꽃이 피었습니다

국어

"무궁화꽃이 피었습니다."

토끼처럼 깡충깡충 뛰어갑니다.

거북이처럼 엉금엉금 기어갑니다.

다람쥐처럼 바삐 종종 달려갑니다.

곰처럼 우직하게 터벅터벅 걸어갑니다.

"멈춰!"

술래의 외침에 모두 딱 멈춥니다.

위의 글을 읽고 알맞게 추론한 문장을 고르세요.

① 토끼와 거북이가 조용히 앉아서 놀고 있습니다.

② "무궁화꽃이 피었습니다."는 술래가 하는 말입니다.

③ 거북이는 빠르게 종종 달려갑니다.

④ 아이들은 끝까지 멈추지 않고 계속 뛰어갑니다.

"무궁화꽃이 피었습니다."는 아이들이 하는 놀이에서 술래가 외치는 말이에요. 그러므로 ②번이 올바른 추론이에요. ①번은 잘못된 추론이에요. 글에서는 토끼, 거북이, 다람쥐, 곰을 흉내 내며 움직이는 아이들에 관한 내용이에요. ③번도 잘못된 추론이에요. 글에서는 거북이처럼 "엉금엉금 기어갑니다."라고 했어요, 거북이는 빠르게 종종 달려가지 않아요. ④번도 잘못된 추론이에요. 술래가 "멈춰!"라고 외쳤을 때, 모두 딱 멈춘다고 했으므로 계속 뛰어가는 것이 아니에요.

이어 **생각하기**

앞의 글에서 모양을 흉내 내는 말을 찾아 (   )에 쓰세요.

(   )

내 마음에 불났다

국어

내 마음에 불났다.

날 보고 뚱뚱보라니! 날 보고 뚱뚱이라니!

영채, 너!

우리 할머니, 나만 보면

"왜 뼈밖에 없어? 얼른 먹어!"

"갈비 먹고, 잡채 먹고, 백숙 먹고……"

영채 너도 같이 먹었잖아!

내 마음에 불났다.

위의 글을 읽고 알맞게 추론한 문장을 고르세요.

① 영채는 글쓴이의 외모에 대해 긍정적으로 생각하고 있습니다.

② 글쓴이의 할머니는 글쓴이를 걱정하는 마음에서 말했습니다.

③ 글쓴이는 뚱뚱하다는 말을 듣고 기뻐했습니다.

④ 글쓴이는 늘 할머니와 함께 음식을 먹었습니다.

글쓴이의 할머니는 “왜 뼈밖에 없어? 얼른 먹어!”라고 말했어요. 이는 할머니가 글쓴이를 걱정하고 있다고 추론할 수 있어요. 그러므로 ②번이 올바른 추론이에요. ①번은 잘못된 추론이에요. 영채가 글쓴이에게 ‘뚱뚱보’라고 말했기 때문에 글쓴이의 외모에 대해 긍정적으로 생각하지 않고 부정적으로 생각하고 있어요. ③번도 잘못된 추론이에요. 글쓴이는 뚱뚱하다는 말을 듣고 기뻐한 것이 아니라 화가 났음을 표현하고 있어요. ④번도 잘못된 추론이에요. 글쓴이는 다양한 음식을 먹었지만, 할머니와 ‘항상 함께’ 먹었다고 단정할 수 있는 근거는 글에 나타나 있지 않아요.

이어 **생각하기**

[보기] 와 같이 ‘속’을 넣어 감정을 나타내는 말을 생각하여 (　　)에 쓰세요.

[보기] 속이 시원하다, 속에 불났다, 속 터진다.

(　　　　　　　　　　　　　　　　　　　　　　)

째, 번째

수학

급식실에서 줄을 서서 기다리는데 내 앞에 일곱 명이 있습니다. 그렇다면 나는 몇째일까요? 여덟 번째라고요? 아니에요. 여덟째라고요? 네, 맞아요.

운동장에서 줄넘기를 하는데 내가 일곱 번 뛰어넘었어요. 그렇다면 그다음은 몇 번째일까요? 여덟째라고요? 아니에요. 여덟 번째라고요? 네, 맞아요.

위의 글을 읽고 알맞게 추론한 문장을 고르세요.

① 글쓴이는 집에서 있었던 일을 썼습니다.

② 글쓴이는 '째'와 '번째'가 같은 말이라고 생각합니다.

③ 글쓴이는 줄 서는 순서에서는 '여덟 번째'가 맞다고 생각합니다.

④ 글쓴이는 줄넘기 횟수에서는 '여덟 번째'가 맞다고 생각합니다.

앞의 글에 쓰여 있듯이, 줄넘기 횟수를 셀 때는 '여덟 번째'가 맞아요. 급식실에서 기다리는 순서를 나타낼 때는 '여덟째'가 맞아요. 그러므로 ④번이 올바른 추론이에요. ①번은, 글에 나온 내용이 아니며 글과 관련이 없으므로 잘못된 추론이에요. ②번은, 글쓴이는 '째'와 '번째'가 다른 말이라고 생각하고 있으므로 잘못된 추론이에요. ③번은, 글쓴이는 줄 서는 순서에서는 '여덟 번째'가 아니라, 여덟째가 맞다고 생각하므로 잘못된 추론이에요.

이어 **생각하기**

'순서'와 '횟수'를 생각하며 ( )에 알맞은 말을 쓰세요.

순서: 첫째, 둘째, (   ), 넷째, 다섯째, 여섯째, (   ), (   ), (   ), 열째, ……

횟수: 첫 번째, 두 번째, 세 번째, 네 번째, 다섯 번째, 여섯 번째, 일곱 번째, (   ) 번째, 아홉 (   ), 열 번째, ……

숫자 놀이

수학

선생님과 숫자 놀이를 했다. 선생님께서 부르시는 숫자를 듣고, 그 숫자와 이어지는 작은 숫자 두 개와 큰 숫자 두 개를 말하는 놀이이다. 이 놀이의 첫 번째 올바른 추론은 5, 6, 8, 9였고, 두 번째 올바른 추론은 8, 9, 11, 12였다.

위의 글을 읽고 알맞게 추론한 문장을 고르세요.

① 선생님께서 첫 번째 부르신 숫자는 5입니다.

② 선생님께서 두 번째 부르신 숫자는 8입니다.

③ 선생님께서 첫 번째 부르신 숫자는 7입니다.

④ 선생님께서 두 번째 부르신 숫자는 12입니다.

첫 번째 올바른 추론이 5, 6, 8, 9였으므로, 선생님께서 첫 번째 부르신 숫자는 7이에요. 그러므로 ③번이 올바른 추론이에요. ①번은, 7이 아니라 5라고 대답해서 잘못된 추론이에요. ②번은, 선생님께서 두 번째 부르신 숫자는 8이 아니라 10이므로 잘못된 추론이에요. ④번은, 선생님께서 두 번째 부르신 숫자는 12가 아니라 10이므로 잘못된 추론이에요.

이어 **생각하기**

앞의 글의 숫자 놀이처럼 (   )에 알맞은 숫자를 쓰세요.

선생님: 25 → 학생: (   )

선생님: (   ) → 학생: 37, 38, 40, 41

형과 동생

국어

"먹지 마! 같이 먹어야 하니까."

형이 화장실 간 사이에 동생은 가위로 피자를 잘랐다. 형이 눈치채지 못하게 입에 쏙 넣었다.

"우와 맛있다. 꿀맛이다."

형이 왔다. 피자가 그대로였다.

"형, 감쪽같지?"

"뭐라고?"

위의 글을 읽고 알맞게 추론한 문장을 고르세요.

① 동생은 형에게 피자를 잘라 주었습니다.

② 동생은 형이 화장실 간 동안 피자를 몰래 먹었습니다.

③ 형은 동생이 피자를 먹은 것을 알고 있습니다.

④ 동생은 형과 함께 피자를 나눠 먹기를 원했습니다.

앞의 글에서 동생은 형이 화장실 간 사이에 피자를 가위로 몰래 잘라서 먹었다고 했어요. "눈치채지 못하게 입에 쏙 넣었다."라는 표현은 동생이 형에게 들키지 않으려고 몰래 먹었다는 것을 의미해요. 그러므로 ②번이 올바른 추론이에요. ①번은, 동생이 피자를 잘랐지만, 형에게 나눠주지 않았으므로 잘못된 추론이에요. ③번은, 형은 동생이 피자를 먹은 것을 모르고 있어서 "뭐라고?"라고 말했으므로 잘못된 추론이에요. ④번은, 같이 나눠 먹어야 한다고 말한 사람은 형이므로 잘못된 추론이에요.

이어 **생각하기**

앞의 글을 참고하여 (　　)에 알맞은 말을 쓰세요.

형의 서랍에서 사탕 하나를 (　　　　　　　　) 꺼냈다.

헤아려 보니

수학

공원에 자전거가 많았습니다. 헤아려 보니 자전거보다 안전모가 더 많았습니다. 헤아려 보니 무릎 보호대가 안전모보다 더 많았습니다. 무릎 보호대는 52개입니다. 팔꿈치 보호대는 50개입니다.

위의 글을 읽고 알맞게 추론한 문장을 고르세요.

① 공원에 자전거가 안전모보다 많았습니다.

② 무릎 보호대는 팔꿈치 보호대보다 많았습니다.

③ 52는 50보다 많습니다.

④ 50은 52보다 적습니다.

앞의 글에서 무릎 보호대는 52개, 팔꿈치 보호대는 50개라고 쓰여 있으므로, 무릎 보호대가 팔꿈치 보호대보다 많다는 것이 알맞은 추론이에요. 그러므로 올바른 추론은 ②번이에요. ①번은, 공원에 자전거가 안전모보다 많았다는 내용이 없으므로 올바른 추론이 아니에요. ③번은 '52는 50보다 많습니다.'가 아니라 '52는 50보다 큽니다.'라고 표현해야 하므로 잘못된 추론이에요. ④번은, '50은 52보다 적습니다.'가 아니라 '50은 52보다 작습니다.'가 맞으므로 잘못된 추론이에요. 물건의 수를 비교할 때는 '많다', '적다'로 표현하지만, 수의 크기를 비교할 때는 '크다', '작다'로 표현해요.

이어 **생각하기**

자전거를 탈 때 착용해야 하는 물건들을 ( )에 쓰세요.

( )

급식실에서

국어

나는 딸기를 다섯 개나 먹게 되어서 기분이 좋았어. 나는 시금치나물을 적게 받아서 안심했어. 나는 영서가 갑자기 큰 소리로 재채기해서 깜짝 놀랐어. 나는 영서가 시금치나물을 내 식판에 옮겨서 속상했어.

위의 글을 읽고 알맞게 추론한 문장을 고르세요.

① 영서는 딸기를 좋아합니다.

② 영서는 재채기하는 것을 좋아합니다.

③ 글쓴이는 시금치나물을 좋아합니다.

④ 영서는 글쓴이의 마음을 언짢게 했습니다.

④번이 정답인 이유는 앞의 글에서 영서가 시금치나물을 글쓴이의 식판에 옮겼고, 이에 따라, 글쓴이가 "속상했어."라고 표현했기 때문이에요. 그러므로 영서가 글쓴이의 마음을 언짢게 했다는 추론이 맞아요('언짢다'는 마음에 들지 않은 기분을 뜻해요). ①번은, 영서가 딸기를 좋아한다는 내용이 없으므로 잘못된 추론이에요. ②번도, 영서가 재채기하는 것을 좋아한다는 내용이 없으므로 올바른 추론이 아니에요. 재채기는 코안의 신경이 자극을 받아 갑자기 코로 숨을 내뿜는 일이에요. ③번은, 글쓴이는 시금치나물을 적게 받아서 "안심했어."라고 표현했는데, 이는 시금치나물을 좋아한다는 의미가 아니에요. 오히려 그 반대예요. 그러므로 잘못된 추론이에요.

이어 **생각하기**

앞의 글을 생각하면서 ( )에 알맞은 말을 쓰세요.

이 글에는 ( )에게 일어난 일과 그 일에 대한 글쓴이의 ( )이 잘 드러나 있습니다.

교실에서

수학

교실에는 '상자 모양, 기둥 모양, 공 모양'의 물건이 있습니다. 쉬는 시간에 친구들과 주사위 던지기 놀이를 했습니다. 주사위가 굴러서 선생님 책상을 받치고 있는 네 개의 받침 다리 기둥 사이로 들어갔습니다. 탁구공도 데굴데굴 굴러서 선생님 책상 밑으로 들어갔습니다.

위의 글을 읽고 알맞게 추론한 문장을 고르세요.

① 탁구공은 기둥 모양입니다.

② 교실에는 주사위와 축구공이 있습니다.

③ 주사위는 네 개의 기둥 한가운데에 있습니다.

④ 선생님 책상 밑에는 물건이 들어갈 공간이 있습니다.

“탁구공도 데굴데굴 굴러서 선생님 책상 밑으로 들어갔습니다.”라는 문장에서 책상 아래에 물건이 들어갈 수 있는 공간이 있음을 추론할 수 있어요. 그러므로 ④번이 올바른 추론이에요. ①번은, 탁구공은 공 모양의 물건이지 기둥 모양의 물건이 아니므로 잘못된 추론이에요. ②번은, 교실에 ‘공 모양의 물건’이 있다는 내용은 있으나, ‘축구공’이 있다는 내용은 없으므로 잘못된 추론이에요. ③번은, 주사위가 네 개의 기둥 한가운데에 있다는 내용이 없으므로 이 추론은 틀렸어요. “주사위가 굴러서 선생님 책상을 받치고 있는 네 개의 받침다리 기둥 사이로 들어갔습니다.”라고만 했어요.

이어 생각하기

학교나 집에서 볼 수 있는 여러 모양의 물건을 (   )에 쓰세요.

상자 모양: 텔레비전, (   )

기둥 모양: 천막 기둥, (   )

공 모양: 알사탕, (   )

쌍받침과 겹받침

국어

낚다[낙따]

앉다[안따]

읽다[익따]

삶다[삼:따]

밟다[밥:따]

핥다[할따]

닳다[달타]

위의 낱말들을 읽고 알맞게 추론한 문장을 고르세요.

① '자기의 가슴, 머리, 배, 무릎 따위를 꼭 잡다'라는 뜻의 단어가 있습니다.

② '열매나 씨가 여물다'라는 뜻의 단어가 있습니다.

③ '물건 따위가 오래되어 헐고 지저분하다'라는 뜻의 단어가 있습니다.

④ '혀가 물체의 겉면에 살짝 닿으면서 지나가게 한다'라는 뜻의 단어가 있습니다.

'혀가 물체의 겉면에 살짝 닿으면서 지나가게 한다'라는 뜻의 단어는 '핥다'예요. '강아지가 빈 밥그릇을 핥고 있다.'가 그 예문이에요. '핥다'는 제시한 낱말 목록에 있어요. 그러므로 ④번이 올바른 추론이에요. ①번은, '자기의 가슴, 머리, 배, 무릎 따위를 꼭 잡다'라는 뜻의 단어는 '안다[안:따]'예요. 제시한 낱말 목록에 없으므로 잘못된 추론이에요. ②번은, '열매나 씨가 여물다'라는 뜻의 단어는 '익다[익따]'예요. 역시 제시한 낱말 목록에 없으므로 잘못된 추론이에요. ③번은, '물건 따위가 오래되어 헐고 지저분하다'라는 뜻의 단어는 '낡다[낙따]'예요. 마찬가지로 낱말 목록에 없으므로 잘못된 추론이에요. [ ]에 있는 글자는 단어의 발음이에요.

이어 생각하기

쌍받침*과 겹받침*이 있는 낱말들을 생각하여 (   )에 쓰세요.

쌍받침: 닦다, (   )

겹받침: 값, (   )

* 쌍받침: 같은 자음자가 겹쳐서 된 받침. 'ㄲ', 'ㅆ' 따위가 있다.

* 겹받침: 서로 다른 두 개의 자음으로 이루어진 받침. 'ㄳ', 'ㄵ', 'ㄺ', 'ㄻ', 'ㄼ', 'ㄾ', 'ㅄ' 따위가 있다.

대화하는 세 인물

국어

인물 1: "난 잘 굴러가. 하지만 나를 쌓을 수는 없어."

인물 2: "나를 쌓을 수 있어. 나를 굴릴 수도 있어."

인물 3: "난 잘 굴러가지 않아. 하지만 나를 쌓을 수는 있어."

위의 대화를 읽고 알맞게 추론한 문장을 고르세요.

① 대화하는 세 인물은 '실', '콩', '필통'입니다.

② 대화하는 세 인물은 '콩', '책', '통조림통'입니다.

③ 대화하는 세 인물은 '콩', '구슬', '밥그릇'입니다.

④ 대화하는 세 인물은 '옷', '모자', '신발'입니다.

첫째 인물은 '콩'처럼 잘 굴러가고, 둘째 인물은 '통조림통' 처럼 쌓을 수도 있고, 굴릴 수도 있어요. 셋째 인물은 '책'처럼 쌓을 수는 있지만 굴러가지는 않아요. 그러므로 ②번이 올바른 추론이에요. ①번은, '실'은 잘 굴러가지 않으며 쌓기 어려운 물체이므로 잘못된 추론이에요. ③번은, '구슬'은 잘 굴러가지만 쌓기에는 부적합하므로 잘못된 추론이에요. ④번은, '옷', '모자', '신발'은 굴러가지 않으며 쌓는 것과 관련이 없으므로 잘못된 추론이에요.

이어 **생각하기**

여러 물건 중에서 한 가지를 생각하여 그 특징을 (   )에 쓰세요.

야구공: 잘 굴러가지만 쌓을 수 없어.

(   ): (   )

횡단보도를 건너려는 아이

국어

커다란 우산을 써서 주변을 잘 볼 수 없는 아이가 신호등이 초록불로 바뀌자마자 자동차가 다가오는 것을 못 보고 횡단보도를 건너려 했다. 그 모습을 학교 건물 옥상에 앉아 있던 학교 보안관 왜가리가 발견했다. 왜가리는 급히 날아가 그 아이 앞에 내려앉아 길을 막아섰다. 순간 자동차는 급정거했고 아이도 멈춰 섰다.

위의 글을 읽고 알맞게 추론한 문장을 고르세요.

① 아이는 좌우를 잘 살핀 다음에 횡단보도를 건너려고 했습니다.

② 왜가리는 횡단보도를 건너려는 아이를 보호하려고 내려앉았습니다.

③ 아이는 왜가리가 날아오자 깜짝 놀라서 뛰어갔습니다.

④ 자동차 운전자는 왜가리를 피하려고 방향을 바꿨습니다.

아이를 발견한 왜가리는 급히 날아가 아이 앞에 내려앉아 길을 막아섰어요. 왜가리의 이 행동은 아이를 놀라게 하려는 것이 아니라, 아이의 교통사고를 막으려는 행동임을 추론할 수 있어요. 그러므로 ②번이 올바른 추론이에요. ①번은, 아이가 커다란 우산을 써서 주변을 잘 살피지 못했으므로 잘못된 추론이에요. ③번은, 아이가 놀랐다는 내용은 없으며, 오히려 왜가리를 보고 멈춰 섰으므로 잘못된 추론이에요. ④번은, 자동차는 방향을 바꾼 것이 아니라 사고를 피하려고 급정거했으므로 잘못된 추론이에요.

이어 **생각하기**

횡단보도 신호등이 초록불로 바뀌어도 잠시 주위를 살펴본 다음에 길을 건너야 하는 까닭을 쓰세요.

교통사고를 막아 준 왜가리

국어

왜가리가 날 살렸다. 큰 우산을 쓰고 신호등만 보고 건너 다가 교통사고가 날 뻔했다. 내가 초록색 신호등을 보고 횡단보도에 들어서는데 왜가리 한 마리가 어느새 내 앞에 나타났다. 그래서 나는 멈춰 섰다. 자동차도 '끼익' 소리를 내며 급히 멈춰 섰다. 고마운 왜가리가 교통사고를 막아 주었다. 운전사는 나에게 미안하다고 했다.

위의 글을 읽고 알맞게 추론한 문장을 고르세요.

① 글쓴이는 노란 우산을 집에 두고 왔습니다.

② 왜가리는 교통경찰 훈련을 잘 받았습니다.

③ 운전사는 신호등을 보고 자동차를 멈추었습니다.

④ 글쓴이는 비가 내려서 우산을 쓰고 있었습니다.

앞의 글에서 글쓴이는 "큰 우산을 쓰고 신호등만 보고 건너다가"라고 썼어요. 실제로 비가 내려서 글쓴이가 우산을 쓰고 있었음을 의미해요. 그러므로 ④번이 올바른 추론이에요. ①번은, 글쓴이가 노란 우산을 집에 두고 왔다는 내용이 글에 없으므로 잘못된 추론이에요. ②번도, 왜가리가 교통경찰 훈련을 받았다는 내용이 글에 없으므로 잘못된 추론이에요. ③번은, 운전사는 신호등이 아니라 왜가리와 글쓴이를 보고 급히 자동차를 멈췄기 때문에 잘못된 추론이에요.

이어 생각하기

왜가리는 어떤 동물인가요? 인터넷 백과사전 등을 검색하여 간단히 설명해 보세요.

덧셈 식

수학

3+2=5. 나는 두 친구에게 이 덧셈 식을 설명했다. “3과 2의 합은 5야.”라고 내가 말하자, 한 친구가 “그럼, ‘3 더하기 2는 5와 같습니다.’라고 말해도 되겠네?”라고 말했다. 나는 “맞아!”라고 대답했다. 그러자 다른 친구는 “‘1을 세 번 더한 뒤에 1을 2개 더하면 5가 됩니다.’라고 해도 되지?”라고 말했다.

위의 글을 읽고 알맞게 추론한 문장을 고르세요.

① 친구들은 모두 틀린 답을 말했습니다.

② ‘합’과 ‘더하기’는 뜻이 다른 말입니다.

③ 두 번째 말한 친구의 대답이 가장 쉬운 답입니다.

④ 두 번째 말한 친구의 대답은 알맞지 않은 답입니다.

주어진 덧셈 식은 '3+2=5'예요. 이 식을 '3과 2의 합은 5입니다.', '3 더하기 2는 5와 같습니다.'라고 말한 것은 알맞은 표현이에요. 하지만 두 번째 말한 친구는 "1을 세 번 더한 뒤에 1을 2개 더하면 5가 됩니다."라고 했어요. 이 표현은 '1+1+1+1+1=5'로 바꿀 수 있지만, 이 식은 원래 덧셈 식인 '3+2=5'와는 다른 덧셈 식이므로 알맞지 않은 대답이에요. 그러므로 올바른 추론은 ④번이에요. ①번은, 첫 번째 말한 친구는 알맞은 대답을 했으므로 잘못된 추론이에요. ②번은, '합'과 '더하기'는 같이 뜻이므로 잘못된 추론이에요. ③번은 두 번째 말한 친구의 대답은 알맞지 않으므로 잘못된 추론이에요.

이어 **생각하기**

(　)에 알맞은 수를 쓰세요.

2×(　)과 3×(　)의 값은 모두 6입니다.

공공 미술

국어

20○○년 9월 8일 해가 쨍쨍한 날

똥 모양의 물건을 밟고 올라갔다. 지나가던 아저씨께서 나를 보고 말씀하셨다.

"그건 미술 작품인데……."

나는 얼른 똥에서 내려왔다. 나는 똥을 더 소중하게 여겨야겠다고 생각했다.

위의 글을 읽고 알맞게 추론한 문장을 고르세요.

① 글쓴이는 진짜 똥을 밟고 올라갔습니다.

② 글쓴이는 똥을 보고 더럽다고 생각했습니다.

③ 아저씨는 글쓴이에게 조심하라고 꾸짖었습니다.

④ 글쓴이는 미술 작품을 소중히 여겨야겠다고 생각했습니다.

앞의 글에서 글쓴이는 처음에 똥 모양의 물건을 밟고 올라갔어요. 그런데 지나가던 아저씨가 “그건 미술 작품인데…….”라고 말하자, 글쓴이는 얼른 내려왔어요. 그리고 마지막 문장에서 “나는 똥을 더 소중하게 여겨야겠다고 생각했다.”라고 했어요. 즉, 글쓴이는 미술 작품(공공 미술)을 함부로 다루면 안 된다는 것을 깨달았다는 것이 이 글의 핵심 내용이에요. 그러므로 ④번이 올바른 추론이에요. ①번은, 진짜 똥이 아니라 ‘똥 모양의 미술 작품’이었으므로 잘못된 추론이에요. ②번은, 글쓴이는 똥을 ‘더럽다’라고 생각하거나 표현하지 않았으므로 잘못된 추론이에요. ③번은, 아저씨는 그냥 사실을 말했을 뿐, 꾸짖지는 않았으므로 잘못된 추론이에요.

이어 **생각하기**

길거리에 있는 미술 작품을 대하는 바람직한 태도를 생각하여 (　　)에 알맞은 낱말을 쓰세요.

미술 작품을 (　　　　　　)으로만 감상한다.

문장으로 나타낸 계산 식

수학

우리 모둠에 있는 여학생은 4명, 남학생은 6명입니다. 남학생이 여학생보다 몇 명이 더 많은지를 문장으로 나타낸 계산 식을 써 봅시다.

위의 글을 읽고 알맞게 추론한 문장을 고르세요.

① 알맞은 식은 '6 빼기 4는 2와 같습니다.'입니다.

② 알맞은 식은 '6 더하기 4는 10과 같습니다.'입니다.

③ 알맞은 식은 '6과 4의 빼기는 2입니다.'입니다.

④ 알맞은 식은 '6과 4의 더하기는 10과 같습니다.'입니다.

문제에서 '남학생과 여학생 중에서 누가 더 많은지를 계산하는 식'을 구해야 해요. 남학생과 여학생 중에서 더 많은 쪽에 몇 사람이 더 많은지를 구하려면, 큰 수에서 작은 수를 빼는 뺄셈 식을 사용해야 해요. 그러므로 ①번이 올바른 추론이에요. ②번과 ④번은 덧셈을 사용했으므로 잘못된 추론이며, ③번은 "빼기"라는 표현이 뺄셈 식의 문장에 알맞지 않으므로 잘못된 추론이에요. 알맞은 식은 '6과 4의 차는 2입니다.'예요.

이어 **생각하기**

책상은 15개이고, 의자는 20개입니다. 의자가 책상보다 몇 개 더 많은지를 문장으로 나타낸 계산 식을 ( )에 알맞게 쓰세요.

( ) 빼기 ( )는 5와 같습니다.

승객의 수

수학

시내버스에 승객 일곱 명이 타고 가고 있었습니다. 다음 정류장에서 아무도 승차하지 않았습니다. 그다음 정류장에서는 시내버스에서 승객 세 명이 하차하고, 승객 네 명이 버스에 승차했습니다. 시내버스에 남은 승객은 몇 명입니까?

위의 글을 읽고 알맞게 추론한 문장을 고르세요.

① 글에 알맞은 수식은 7+0+7-3+4=15입니다.

② 글에 알맞은 수식은 7+0+3+4=12입니다.

③ 글에 알맞은 수식은 7+0-3+4=8입니다.

④ 글에 알맞은 수식은 7+0+7-3-4=7입니다.

시내버스에 7명이 타고 있었어요. 첫 정류장에서 아무도 승차하지 않아서 여전히 7명이었어요. 다음 정류장에서는 3명이 내리고, 4명이 더 승차했어요. 따라서, 이 과정을 수식으로 정리하면, 7+0-3+4=8이에요. 그러므로 ③번이 올바른 추론이에요. 7+0+7-3+4=15라고 한 ①번은 7명을 두 번 더했으므로 잘못된 추론이에요. 그리고 7+0+3+4=12라고 한 ②번은 내린 사람을 빼지 않고 오히려 더해서 잘못된 추론이에요. 7+0+7-3-4=7이라고 한 ④번은 원래 승차한 7명을 뜬금없이 두 번 더했고, 둘째 번 정류장에서 승차한 3명을 오히려 뺐으므로 잘못된 추론이에요.

이어 **생각하기**

아래의 글에 알맞은 수식을 ( )에 완성하세요.

체육관에 스물세 명의 학생이 있습니다. 1시간이 지나자, 체육관에 열다섯 명의 학생이 더 들어왔고, 여섯 명의 학생은 밖으로 나갔습니다. 그때 체육관에는 몇 명의 학생이 남았을까요?

23( )15( )6=( )

나무 심기

국어

잣나무도 심고, 소나무도 심었다.

"구름이 낀 날이라 더 좋구나."

나무를 심고 나서 '지구를 지키는 가족'이라는 명패도 세웠다. 소나무 잎은 바늘 모양의 두 잎이 뭉쳐 있었다. 잣나무 잎은 바늘 모양의 다섯 잎이 뭉쳐 있었다.

"다람쥐와 청설모가 좋아하겠구나. 할머니께서 좋아하시는 고소하고 향긋한 잣도 먹고."

위의 글을 읽고 알맞게 추론한 문장을 고르세요.

① 글쓴이는 비가 오는 날에 나무를 심었습니다.

② 다람쥐와 청설모는 잣나무 열매를 좋아합니다.

③ 소나무 잎은 바늘 모양이며 잣나무 잎보다 잎의 개수가 더 많습니다.

④ 글쓴이는 잣나무와 소나무를 심고 자기 이름을 적은 명패를 세웠습니다.

앞의 글에서 "다람쥐와 청설모가 좋아하겠구나."라는 문장과 "할머니께서 좋아하시는 고소하고 향긋한 잣도 먹고." 라는 내용이 나와요. 즉, 다람쥐와 청설모가 잣나무 열매인 '잣'을 좋아한다는 걸 추론할 수 있어요. 그러므로 ②번이 올바른 추론이에요. ①번은, '구름이 낀 날'이라고만 나와 있고, 비가 온다는 내용은 없으므로 잘못된 추론이에요. ③번은, 소나무 잎(2개)은 바늘 모양이지만 잣나무 잎(5개)보다 잎의 개수가 더 적으므로 잘못된 추론이에요. ④번은, 글쓴이는 잣나무와 소나무를 심고 자기 이름을 적은 명패가 아닌 '지구를 지키는 가족'이라는 명패를 세웠으므로 잘못된 추론이에요.

이어 **생각하기**

아래의 내용을 보고 '지구 지키는 방법'이 아닌 것을 고르세요.

① 나무를 심고 가꾸기

② 운동장에 수돗물을 뿌리기

③ 숲과 공원에서 나무 열매나 씨앗을 주워 가지 않기

④ 숲과 공원에 쓰레기를 버리지 않기

아빠가 만드신 문제

수학

아빠는 수학을 잘하려면 국어를 잘해야 한다고 자주 말씀하신다. 아빠는 네 수를 이용하여 뺄셈 식을 만드는 문제를 만드셨다.

"1, 2, 3, 4, 이 네 수를 이용해서 □-□=□ 뺄셈 식을 만들어 봐. 숫자는 하나도 빠짐없이 쓰고. 그렇게 하면 몇 개의 식을 만들 수 있을까? 단, 뺄셈 식에 같은 수는 한 번만 써야 하고, 만든 식의 올바른 추론은 0보다 커야 해."

위의 글을 읽고 알맞게 추론한 문장을 고르세요.

① 뺄셈 식은 모두 6개를 만들 수 있습니다.

② 뺄셈 식은 모두 5개를 만들 수 있습니다.

③ 뺄셈 식은 모두 4개를 만들 수 있습니다.

④ 뺄셈 식은 모두 3개를 만들 수 있습니다.

주어진 숫자는 1, 2, 3, 4예요. □-□=□의 뺄셈 식을 만들어야 하며, 같은 수는 한 번만 사용해야 하고, 음수(0보다 작은 수) 답은 제외해야 해요. 이 조건에 맞는 경우를 찾아볼까요?

4-3=1

4-1=3

3-2=1

3-1=2

이렇게 모두 4개의 뺄셈 식을 만들 수 있어요. 그러므로 ③번이 올바른 추론이에요. 4-2=2와 2-1=1, 이 두 가지 뺄셈 식은 같은 수(2와 1)를 사용했으므로 안 돼요.

이어 **생각하기**

앞의 글과 같은 조건으로 2, 3, 4, 5, 이 네 수를 가지고 뺄셈 식을 만드세요.

국어

땅콩 꽃

땅콩에 노란 꽃이 피었습니다. 잎겨드랑이에 핀 노란 꽃은 나비를 닮았습니다.

"노란 꽃이 지면 꽃은 땅으로 고개를 떨군단다. 꽃이 떨어진 자리에는 씨방이 자라지. 그 씨방 밑부분이 길게 자라 땅속으로 파고 들어가는 거야. 그 줄기에서 땅콩이 생기는 거지."

정말 신기했습니다. 나는 호미로 흙을 끌어모아 땅콩을 북돋아 주었습니다.

위의 글을 읽고 알맞게 추론한 문장을 고르세요.

① 날씨가 잘 나타나 있습니다.

② 경험한 일이 나타나 있습니다.

③ 생각이나 느낌은 적지 않았습니다.

④ 새로운 지식을 알려 준 사람이 잘 나타나 있습니다.

글쓴이가 직접 경험한 일이 글에 잘 드러나 있어요. “나는 호미로 흙을 끌어모아 땅콩을 북돋아 주었습니다.”라는 문장에서 직접 땅콩을 돌본 경험이 나타나요. 그러므로 ②번이 올바른 추론이에요. ①번은, 글에 날씨에 관한 내용은 나오지 않았으므로 잘못된 추론이에요. ③번은, “노란 꽃은 나비를 닮았습니다.”와 “정말 신기했습니다.”라는 문장에서 글쓴이의 생각과 느낌이 드러나 있으므로 잘못된 추론이에요. ④번은, 땅콩에 대한 지식은 누군가의 설명으로 나오지만, 설명해 준 사람이 누구인지는 전혀 드러나 있지 않으므로 잘못된 추론이에요.

이어 **생각하기**

‘반려 식물 키우기’를 생각하며 ( )에 알맞은 말을 쓰세요.

나는 화분에 ( )를 심고 매일 물을 주었다. 작은 잎이 쑥쑥 자라더니 어느새 빨간 ( )가 열렸다. 토마토를 보고 “너 정말 대단해.”라고 말했다.

비교하기 1

수학

내 연필은 짧지만, 동생 연필은 길다.

내 필통은 무겁지만, 동생 필통은 가볍다.

내 책상은 넓지만, 동생 책상은 좁다.

내 물통에는 물이 많지만, 동생 물통에는 물이 적다.

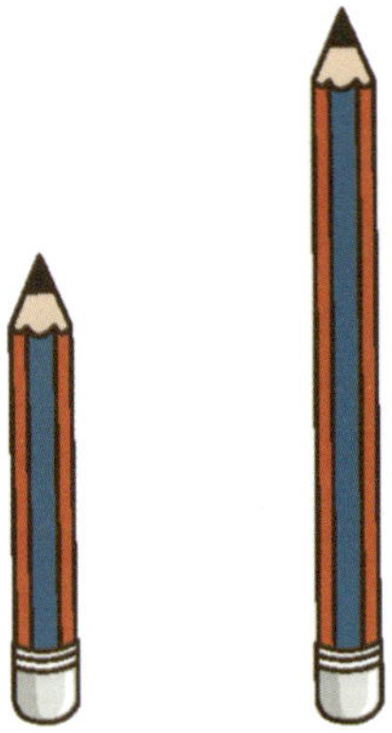

위의 글을 읽고 알맞게 추론한 문장을 고르세요.

① 길이, 무게, 넓이, 들이를 비교했습니다.

② 길이, 크기, 무게, 넓이를 비교했습니다.

③ 크기, 길이, 넓이, 들이를 비교했습니다.

④ 크기, 길이, 무게, 들이를 비교했습니다.

앞의 글에서 비교한 대상들을 살펴보세요.

길이 비교: 연필 (짧다 ↔ 길다)

무게 비교: 필통 (무겁다 ↔ 가볍다)

넓이 비교: 책상 (넓다 ↔ 좁다)

들이 비교: 물통에 든 물의 양 (많다 ↔ 적다)

이렇게 '길이, 무게, 넓이, 들이'를 비교했어요. 그러므로 ① 번이 올바른 추론이에요. ②번, ③번, ④번은, '크기'가 들어 있어서 잘못된 추론이에요.

이어 **생각하기**

아래의 문장에서 '크기'를 비교하여 (　　)에 알맞은 말을 쓰세요.

사과는 크지만, 방울토마토는 (　　　　　).

공룡은 (　　　　　), 도마뱀은 작다.

축구공은 크지만, (　　　　　)은 작다.

발표할 때는

국어

발표할 때는 바른 자세로 서서 말해야 해요. 발표할 때는 알맞은 크기의 목소리로 말해야 해요. 발표할 때는 눈을 너무 자주 깜박거리거나 머리를 긁적이지 않아야 해요. 발표할 때는 듣는 사람을 바라보며 말해야 해요. 발표를 들을 때는 말하는 사람을 바라보며 귀를 기울여야 해요.

위의 글을 읽고 알맞게 추론한 문장을 고르세요.

① 마지막 문장은 발표를 들을 때의 태도를 말하므로, 다른 문단에 써야 합니다.

② 마지막 문장은 발표할 때의 태도를 강조하는 내용이므로, 이 글에 잘 어울립니다.

③ 마지막 문장은 발표를 잘하는 방법에 관한 내용이므로, 이 글과 관계가 깊습니다.

④ 마지막 문장은 발표를 마무리하는 방법을 알려 주는 내용이므로, 이 글의 핵심 내용입니다.

앞의 글은 발표할 때의 올바른 태도를 설명하고 있어요. 그런데 마지막 문장은 발표하는 사람이 아닌 듣는 사람의 태도를 말하고 있어요. 즉 마지막 문장은 다른 얘기를 하고 있으므로 문단을 바꾸어서 써야 해요. 그러므로 ①번이 올바른 추론이에요. ②번은, 마지막 문장은 발표할 때의 태도를 강조하는 내용이 아니므로 잘못된 추론이에요. ③번은, 발표를 잘하는 방법과 직접적인 관련이 없으므로 잘못된 추론이에요. ④번은, 마지막 문장은 발표를 마무리하는 방법을 설명하는 내용이 아니므로 잘못된 추론이에요.

이어 **생각하기**

앞의 글대로, "발표할 때는 알맞은 크기의 목소리로 말해야 해요." 그래야 하는 까닭을 쓰세요.

비교하기 2

수학

지렁이는 개미보다 깁니다.

지렁이는 꽃뱀보다 짧습니다.

구렁이는 꽃뱀보다 깁니다.

구렁이는 대나무보다 짧습니다.

폭포는 대나무보다 깁니다.

위의 글을 읽고 알맞게 추론한 문장을 고르세요.

① 여섯 번째 문장으로 '폭포는 물고기보다 빠릅니다'가 어울립니다.

② 여섯 번째 문장으로 '폭포는 바위보다 깁니다.'가 어울립니다.

③ 여섯 번째 문장으로 '폭포는 산보다 짧습니다.'가 어울립니다.

④ 여섯 번째 문장으로 '폭포는 참나무보다 깁니다.'가 어울립니다.

앞의 글은 각 사물의 길이를 비교하는 짜임의 글이에요(‘지렁이 > 개미’, ‘지렁이 < 꽃뱀’, ‘구렁이 > 꽃뱀’, ‘구렁이 < 대나무’, ‘폭포 > 대나무’). 그리고 문장마다 끝부분은 ‘깁니다’와 ‘짧습니다’가 반복되고 있어요. 그래서 여섯 번째 문장은 ‘폭포는 ~보다 짧습니다.’라는 내용이 나와야 해요. 그러므로 ③번이 올바른 추론이에요. ①번은, ‘속도 비교’이므로 글의 성격에 맞지 않아서 잘못된 추론이에요. ②번은, ‘짧습니다’가 쓰여야 하므로 잘못된 추론이에요. ④번도, 폭포보다 짧은 것을 비교해야 하므로 잘못된 추론이에요.

이어 **생각하기**

크기를 비교하는 문장의 ( )에 알맞은 어휘를 써 완성하세요.

코끼리는 강아지보다 큽니다.

핸드폰은 냉장고보다 작습니다.

책상은 (   )보다 (   )

수 알아맞히기 놀이

수학

교실 앞쪽에 서 있는 한 친구가 '40부터 50까지의 수' 중에서 하나를 친구들이 못 보게 종이에 씁니다. 다른 친구들은 친구가 종이에 쓴 수를 알아맞히려고 질문합니다. 수를 적은 친구는 "네.", "아니요."로만 대답합니다. 한 친구가 먼저, "45보다 작아요?"라고 질문하자, "아니오."라고 대답했습니다. 그러자, 다음 친구가 "47보다 크나요?"라고 질문하자, "네."라고 대답했습니다. 그다음에는 무슨 질문을 해야 할 까요?

위의 글을 읽고 알맞게 추론한 문장을 고르세요.

① "46보다 작나요?"라고 질문합니다.

② "47보다 작나요?"라고 질문합니다.

③ "49보다 작나요?"라고 질문합니다.

④ "50보다 크나요?"라고 질문합니다.

먼저, 질문과 대답을 정리해 봐요. “45보다 작아요?” → “아니요.” 그러므로 올바른 추론은 45, 46, 47, 48, 49, 50 중 하나예요. “47보다 크나요?” → “네.” 그러므로 올바른 추론은 48, 49, 50 중 하나예요. 이럴 때, 좋은 질문 방법은 남은 숫자를 반으로 나누는 거예요. 그 방법대로 “49보다 작나요?”라고 질문할 때, “네.”라고 대답하면, 올바른 추론은 48이에요. 반면에 “아니요.”라고 대답하면 올바른 추론은 49 또는 50이에요. 그러므로 이렇게 질문한 ③번이 올바른 추론이에요. ①번과 ②번은, 이미 47보다 크다고 대답했으므로 잘못된 추론이에요. ④번은, 50보다 클 수 없으므로 잘못된 추론이에요.

이어 생각하기

아래의 문장에서 (   )에 알맞은 수들을 쓰세요.

10보다는 작고, 5보다는 큰 수는 (   )입니다.

국어

오늘 아침에

여섯 시 반에 일어났다. 평소보다 일찍 일어났다. 이불을 개고 세수했다. 아버지께서 만드신 애호박 고추장찌개를 먹었다. 어머니께서 만드신 부추 달걀말이도 먹었다. 이를 깨끗이 닦았다. 집 앞에서 친구를 만났다. 학교 가는 길에 선생님도 만났다.

위의 글을 읽고 알맞게 추론한 문장을 고르세요.

① 글쓴이는 평소에는 여섯 시에 일어납니다.

② 글쓴이는 학교 가는 길에 한 일을 글로 썼습니다.

③ 글쓴이는 애호박과 달걀을 사려고 일찍 일어났습니다.

④ 글쓴이의 부모님께서는 채소를 넣은 음식을 만들었습니다.

앞의 글에서 "아버지께서 만드신 애호박 고추장찌개", "어머니께서 만드신 부추 달걀말이"라고 했어요. 애호박과 부추는 모두 채소예요. 그러므로 ④번이 올바른 추론이에요. ①번은, 글에서 "평소보다 일찍 일어났다."라고 했어요. 평소에는 여섯 시 반보다 늦은 시각에 일어난다는 말이에요. 그러므로 잘못된 추론이에요. ②번은, "이불을 개고 세수했다.", "아침을 먹었다." 등의 내용은 집에서 한 일이므로 잘못된 추론이에요. ③번은, 글에서 '애호박과 달걀을 사러 갔다.'라는 내용은 없으므로 잘못된 추론이에요.

이어 **생각하기**

앞의 글에서 부모님께서 만들어 주신 음식에 들어간 재료를 짐작하여 쓰세요.

애호박 고추장찌개:

부추 달걀말이:

수의 표현

수학

10개씩 묶음 8개를 80이라고 합니다.

80은 십의 여덟 배가 되는 수입니다.

팔십은 10의 여덟 배가 되는 수입니다.

여든은 열의 여덟 배가 되는 수입니다.

80

위의 글을 읽고 알맞게 추론한 문장을 고르세요.

① 80과 팔십은 다른 수입니다.

② 80과 여든은 다른 수입니다.

③ 80, 팔십, 여든은 같은 수입니다.

④ 80, 팔십, 여든은 다른 수입니다.

80은 숫자로 표기한 값이에요. 팔십(八十)은 한자어로 된 우리말로 표기한 값이에요. 여든은 순우리말로 표기한 값이에요. 따라서 모두 같은 수를 의미해요. 그러므로 ③번이 올바른 추론이에요. ①번은, 80과 팔십은 같은 수이므로 잘못된 추론이에요. ②번은, 80과 여든은 같은 수이므로 잘못된 추론이에요. ④번은, 모두 같은 수이므로 잘못된 추론이에요.

이어 **생각하기**

수의 표현에 알맞게 (　　)에 알맞은 낱말을 쓰세요.

숫자: 90

한자어 우리말 : (　　　　　　)

순우리말: (　　　　　　)

개구리

국어

바람이 따뜻해졌어요. 아파트 작은 연못에 물이 들어왔어요. 겨우내 비어 있던 연못에 물이 들어왔어요. 저녁이 되자, 아파트 작은 연못에서 개구리 울음소리가 들렸어요. 개구리가 물을 좋아하나 봐요. 물을 연못에 채워줘서 고맙다고 말하는 것 같았어요.

위의 글을 읽고 알맞게 추론한 문장을 고르세요.

① 겨울에도 연못에 물이 가득 차 있었습니다.

② 연못에 물이 차자 개구리가 울기 시작했습니다.

③ 개구리는 물이 있는 곳에서만 삽니다.

④ 저녁이 되자 연못의 물이 모두 사라졌습니다.

앞의 글에서 "겨우내 비어 있던 연못에 물이 들어왔어요.", 그리고 "저녁이 되자, 연못에서 개구리 울음소리가 들렸어요."를 보면, 연못에 물이 차자 개구리가 울기 시작했다는 것을 추론할 수 있어요. 그러므로 ②번이 올바른 추론이에요. ①번은, 글에서 '겨우내 비어 있던 연못'이라고 했으므로 잘못된 추론이에요. '겨우내'는 '한겨울 동안 계속해서'라는 뜻이에요. ③번은, 개구리는 물속뿐만 아니라 땅에서도 생활할 수 있으므로 잘못된 추론이에요. ④번은, 글에서 물이 들어왔다고 했으므로 잘못된 추론이에요.

이어 **생각하기**

개구리의 생태를 생각하며 (   )에 알맞은 낱말을 쓰세요.

개구리는 물을 좋아하는 동물이에요. 개구리는 습한 곳에서 (   )을 자요. 봄이 되면 개구리가 잠에서 깨어나 활동해요.

짝수와 홀수

수학

20, 40, 60, 80, 100은 짝수입니다.

21, 41, 61, 81, 101은 홀수입니다.

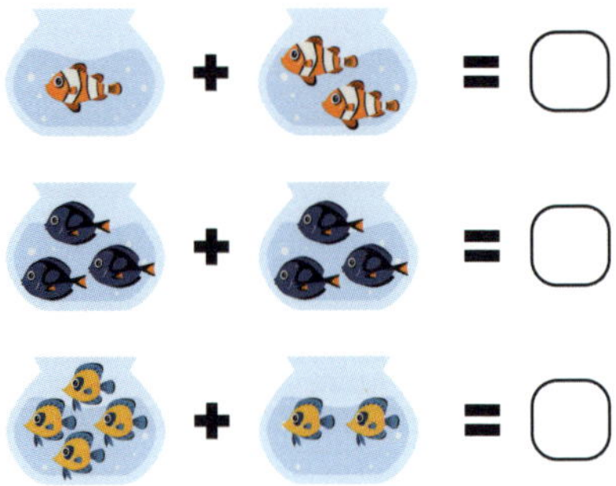

위의 글을 읽고 알맞게 추론한 문장을 고르세요.

① 짝수는 둘씩 짝을 지을 수 있습니다.

② 홀수는 둘씩 짝을 지을 수 있습니다.

③ 짝수와 홀수는 둘씩 짝을 지을 수 있습니다.

④ 짝수와 홀수는 셋씩 짝을 지을 수 있습니다.

짝수는 2의 배수인 수를 뜻해요. 짝수는 2로 나누어서 나머지가 0이 되는 수를 뜻해요. 그래서 짝수는 둘씩 짝을 지을 수 있어요. 그러므로 ①번이 올바른 추론이에요. ②번은, 홀수는 한 개씩 남아 짝을 지을 수 없어서 잘못된 추론이에요. ③번은, 홀수는 짝을 이루지 못하므로 잘못된 추론이에요. ④번은, 짝수와 홀수가 모두 3의 배수가 아니므로 잘못된 추론이에요.

이어 **생각하기**

(　　)에 '짝수'와 '홀수'를 알맞게 쓰세요.

짝수+짝수=(　　　　　)

홀수+홀수=(　　　　　)

짝수+홀수=(　　　　　)

모둠 활동

국어

처음으로 앞뒤에 앉은 친구들이 모둠을 만들었다. 모둠을 만드니 앞에 앉은 친구와 마주 보게 되었다. 그런데 마주 앉은 친구가 내 지우개를 만졌다. 그때 나는 재빨리 친구의 손을 쳤다. 그 친구는 선생님에게 일렀다. 선생님께서는 그 친구가 내 영역을 침범한 일은 잘못이라고 말씀하셨다. 또 내가 친구를 친 것도 잘못이라고 말씀하셨다. 선생님께서는 남의 영역에 들어가거나 남의 권리, 남의 물건을 허락 없이 만지면 안 된다고 말씀하셨다.

위의 글을 읽고 알맞게 추론한 문장을 고르세요.

① 친구의 손을 친 것은 문제가 되지 않습니다.

② 선생님께서는 친구의 잘못만 지적하셨습니다.

③ 친구가 선생님께 이를 때, 글쓴이는 기분이 나빴습니다.

④ 선생님께서는 남의 물건을 허락 없이 만지는 것도, 친구를 치는 것도, 모두 잘못이라고 하셨습니다.

앞의 글을 보면 선생님께서는 친구의 행동도 잘못이고, 글쓴이의 행동도 잘못이라고 말씀하셨어요. 그러므로 ④번이 올바른 추론이에요. ①번은, 친구를 친 것도 잘못이라고 선생님께서 말씀하셨기 때문에 잘못된 추론이에요. 친구 손을 세게 치면 폭력이 될 수 있어요. ②번은, 선생님께서는 두 사람 모두의 잘못을 말씀하셨으므로 잘못된 추론이에요. ③번은, 글쓴이의 기분에 관한 내용은 글에 나타나 있지 않으므로 잘못된 추론이에요.

이어 **생각하기**

모둠 활동에서 필요한 올바른 행동을 생각하며 (   )에 알맞은 낱말을 쓰세요.

친구에게 (   )을 받고 친구 물건을 만진다.

친구에게 (   )을 받고 친구 물건을 사용한다.

고구마 수확

수학

고구마를 캤다. 어머니께서 한 상자 분량을 캤고, 아버지께서도 한 상자 분량을 캤다. 한 상자에는 10개씩 담은 고구마 봉지가 3개씩 들어 있다. 내 상자에는 고구마 봉지 2개와 낱개 3개가 들어 있다.

위의 글을 읽고 알맞게 추론한 문장을 고르세요.

① 어머니께서는 고구마 10개를 캤습니다.

② 글쓴이의 상자에 있는 고구마는 5개입니다.

③ 어머니와 아버지께서 캔 고구마의 개수는 다릅니다.

④ 가족이 캔 고구마는 모두 83개입니다.

어머니와 아버지께서 캔 고구마를 담은 상자에는 세 봉지의 고구마가 있었어요. 한 봉지에는 고구마 10개가 있었으므로, 어머니와 아버지께서는 각각 30개의 고구마를 캤어요. 글쓴이의 상자에는 고구마 두 봉지와 낱개 3개가 있었으므로, 글쓴이는 23개의 고구마를 캤어요. 따라서, 가족이 캔 고구마는 모두 83개(30+30+23)예요. 그러므로 ④번이 올바른 추론이에요. ①번은, 어머니는 한 상자를 캤고, 한 상자에는 30개가 들어 있으므로 잘못된 추론이에요. ②번은, 두 봉지와 낱개 3개가 있었으므로 잘못된 추론이에요. ③번은, 어머니와 아버지께서는 각각 30개씩 캤으므로 잘못된 추론이에요.

이어 **생각하기**

묶음 계산에 알맞은 낱말과 수를 (　)에 쓰세요.

달걀 한 판은 30개이고, 공책 한 (　　)은 10권이고, 연필 한 다스는 (　)자루이다.

매화꽃과 살구꽃

국어

매화꽃, 살구꽃이 피었다. 교문을 들어서는데 두 꽃이 나를 반긴다. 오른쪽 화단에는 하얀색 매화꽃이 핀 매화나무가 있다. 왼쪽 화단에는 연분홍색 살구꽃이 핀 살구나무가 있다. 두 나무에는 아직 잎이 돋지도 않았다. 꽃이 지고서 날이 따뜻해지면 열매가 열릴 것이다.

위의 글을 읽고 알맞게 추론한 문장을 고르세요.

① 살구꽃은 하얀색 꽃입니다.

② 매화꽃은 살구나무에서 피는 꽃입니다.

③ 살구나무와 매화나무는 잎보다 꽃이 먼저 핍니다.

④ 살구나무 열매는 분홍색이고 매화나무 열매는 하얀색입니다.

앞의 글에서 "두 나무는 아직 잎이 돋지도 않았다."라고 했어요. 그런데 꽃은 이미 피었다고 했죠. 그래서 두 나무는 잎보다 꽃이 먼저 핀다는 것을 알 수 있어요. 그러므로 ③번이 올바른 추론이에요. ①번은, 글에 따르면 살구꽃은 연분홍색이므로 잘못된 추론이에요. ②번은, 글에서 매화꽃은 매화나무에서 핀다고 했으므로 잘못된 추론이에요. ④번은, 살구나무 열매의 색깔은 글에 나오지 않아서 알 수 없으므로 잘못된 추론이에요. 보통 살구나무 열매는 익으면 주황빛 또는 붉은빛을 띠고, 매화나무(매실나무) 열매는 초록빛 또는 노란빛을 띠어요.

이어 생각하기

매화나무와 살구나무를 비교하여 ( )에 알맞은 낱말을 쓰세요.

매화나무: 꽃을 (　　　)라고 부르고 열매를 (　　　)이라고 부른다.

살구나무: 꽃을 (　　　)라고 부르고 열매를 (　　　)라고 부른다.

어떤 모양

수학

채아가 동생 서아에게 퀴즈를 냅니다.

"평평한 바닥이 다섯 개입니다."

"모가 진 가장자리는 여덟 개입니다."

"모가 진 가장자리가 만나는 뾰족한 곳은 다섯 군데 있습니다."

"언니가 말한 것을 잡아 보세요."

위의 글을 읽고 알맞게 추론한 문장을 고르세요.

① 서아는 공을 잡아야 합니다.

② 서아는 주사위를 잡아야 합니다.

③ 서아는 페트병을 잡아야 합니다.

④ 서아는 피라미드를 잡아야 합니다.

앞의 글에서 서아의 언니 채아가 설명한 '평평한 바닥이 다섯 개'이고, '모가 진 가장자리가 여덟 개'이고, '뾰족한 곳이 다섯 군데' 있는 물건은 피라미드예요. 그러므로 ④번이 올바른 추론이에요. ①번은, 공은 평평한 바닥이 없으므로 잘못된 추론이에요. ②번은, 주사위는 평평한 바닥이 6개이고, 뾰족한 곳이 여덟 군데 있으므로 잘못된 추론이에요. ③번은, 페트병은 평평한 바닥이 어디인지 정확하게 알 수 없으므로 잘못된 추론이에요. 둥근 페트병도 있고 기둥 모양의 페트병도 있어요.

이어 **생각하기**

원뿔 모양에는 뾰족한 곳이 몇 군데 있나요? 그 개수를 (   )에 쓰세요.

(   )개

이무기

국어

이무기는 뿔이 없는 용이에요. 박연 폭포에는 이무기가 살았어요. 이무기는 사람 몰래 물 밖으로 얼굴을 내밀고 글씨를 구경했어요. 오늘은 여의주를 받으러 하늘로 올라가야 하는데, 글씨를 보느라 깜빡 잊고 있었어요.

"세상에서 가장 아름다운 글씨야."

이무기는 글씨를 보고 감동했어요. 하지만 소년은 말없이 먹을 갈아 붓으로 바위에 글씨만 썼어요.

위의 글을 읽고 알맞게 추론한 문장을 고르세요.

① 이무기는 글씨를 보고 실망했습니다.

② 이무기는 소년이 명필가라고 생각했습니다.

③ 이무기는 노느라고 여의주를 받지 못했습니다.

④ 이무기는 소년에게 글씨를 써 달라고 부탁했습니다.

앞의 글을 보면, 이무기는 소년의 글씨를 보고 감동했어요. 이무기가 한 말을 보면, 이무기는 바위에 글을 쓴 소년의 글씨가 매우 뛰어나다고 생각했어요. 글씨 잘 쓰기로 이름난 사람을 명필가라고 말해요. 그러므로 ②번이 올바른 추론이에요. ①번은, 이무기는 글씨를 보고 감동했으므로 잘못된 추론이에요. ③번은, 이무기는 글씨를 보느라 여의주를 받으러 하늘로 올라가지 못했으므로 잘못된 추론이에요. ④번은, 소년은 말없이 먹을 갈아 글씨만 썼으므로 잘못된 추론이에요. 앞의 글은 한석봉과 관계있는 이야기예요.

이어 생각하기

동양의 '용'은 어떤 동물을 바탕에 두고 상상한 모습일까요? 서술로 답변하세요.

더하기

수학

2와 8을 먼저 더하고, 3을 더하면 13이 됩니다. 같은 방법으로 5와 8을 더하고, 그다음에 5를 더하면 18이 됩니다. 귤 11개를 먼저 담고 그다음에, 귤 9개를 담고, 마지막에 귤 8개를 담았다면, 먼저 11과 9를 더하고, 그다음에 8을 더합니다.

위의 글을 읽고 알맞게 추론한 문장을 고르세요.

① 첫째 문장에서는 두 수의 합이 5가 되는 수를 먼저 계산했습니다.

② 둘째 문장에서는 두 수의 합이 10이 되는 수를 먼저 계산했습니다.

③ 셋째 문장에서는 두 수의 합이 20이 되는 수를 먼저 계산했습니다.

④ 모든 문장에서 두 수의 합이 10되는 수를 먼저 계산했습니다.

앞의 글은 두 수의 합이 10, 20이 되는 덧셈 식 계산에 관해서 설명하고 있어요. 그러므로 ③번이 올바른 추론이에요. ①번은, 첫째 문장의 덧셈 식은 2+8+3=13으로, 2+8=10, 그리고 10+3=13으로 나타낼 수 있어요. 따라서 10이 되는 수를 먼저 계산했으므로 잘못된 추론이에요. ②번은, 둘째 문장은 5+8+5=18이므로, 5+8=13, 그리고 13+5=18로 나타낼 수 있으므로 잘못된 추론이에요. 10이 아니라, 13이 먼저 만들어졌어요. ④번은, ①번, ②번, ③번과 모두 다르므로 잘못된 추론이에요.

이어 **생각하기**

가로 줄의 세 수를 더할 때 먼저 더하면 계산하기 쉬운 두 수에 각각 밑줄 치세요.

11, 8, 9

32, 8, 20

55, 15, 9

요술 항아리

국어

동생은 "멈춰라, 정직한 항아리."를 외우고 집이 있는 섬으로 돌아왔어요. 그다음 날 아침부터 항아리에서 소금이 끝없이 쏟아져 나와 동생은 부자가 되었죠. 이 소문을 들은 형이 동생의 항아리를 훔쳐 배에 싣고 집으로 가던 중이었어요. 형이 배 위에서 "소금아, 쏟아져라."라고 주문을 외자, 항아리에서 소금이 쏟아져 나왔어요. 소금이 점점 많이 쌓이자 배는 그만 가라앉고 말았어요. 그래서 지금도 바닷물은 짜다고 해요.

위의 글을 읽고 알맞게 추론한 문장을 고르세요.

① 형은 항아리를 조심히 다뤘기 때문에 배는 무사했습니다.

② 동생은 주문을 잘 외워 항아리를 똑똑하게 사용했습니다.

③ 항아리는 소금 대신 금은보화를 만들어냈습니다.

④ 형은 소금을 못 나오게 하는 주문을 알고 있었습니다.

앞의 글에서 동생은 "멈춰라, 정직한 항아리."라는 주문을 외우고, 집으로 돌아가 항아리를 잘 사용해 부자가 되었어요. 이 내용은 동생이 항아리를 똑똑하게 사용했다는 것을 추론할 수 있게 해 줘요. 그러므로 ②번이 알맞은 추론이에요. ①번은, 배가 가라앉았다고 했으니, 형은 항아리를 잘 다루지 못했으므로 잘못된 추론이에요. ③번은, 항아리는 소금을 만들어냈지, 금은보화를 만들었다는 내용은 없으므로 잘못된 추론이에요. ④번은, 형은 항아리에서 소금이 나오는 것을 멈추는 주문을 모르고 있었으므로 잘못된 추론이에요.

이어 **생각하기**

만약 형이 훔쳐 간 항아리에서 설탕이 쏟아져 나왔다면, 이야기는 어떻게 달라졌을지 한 문장으로 쓰세요.

개학 날

수학

9시에 시작종이 울리고 첫째 시간이 시작되었다. 선생님의 얼굴도 달라졌다. 여름 햇볕에 그을리셨는지 살결이 구릿빛으로 변해 있었다. 9시 40분에 종이 울렸다. 방학이 끝나고 첫 수업의 첫 쉬는 시간이다. 10분을 쉬고 2교시가 시작되었다.

위의 글을 읽고 알맞게 추론한 문장을 고르세요.

① 수업 시간은 50분이었고, 쉬는 시간은 없었습니다.

② 선생님은 방학 동안 햇볕을 많이 쬔 것으로 보입니다.

③ 9시 40분은 시각이 아닌 시간을 가리키는 말입니다.

④ 1교시 수업은 8시 50분에 시작됩니다.

앞의 글의 "여름 햇볕에 그을리셨는지 살결이 구릿빛으로 변해 있었다."라는 표현에서 선생님이 햇볕을 많이 쬔 것을 추론할 수 있어요. 그러므로 ②번이 올바른 추론이에요. ①번은, 9시에 시작해서 9시 40분에 종이 울렸으므로 수업은 40분 동안 했어요. 그러므로 잘못된 추론이에요. ③번은, '9시 40분'은 '시간'이 아니라 '시각'을 나타내기 때문에 잘못된 추론이에요. ④번은, 글에 "9시에 시작종이 울리고 첫째 시간이 시작되었다."라고 명확히 나오므로 잘못된 추론이에요.

이어 **생각하기**

앞의 글에서 2교시 수업 시간을 추론하여 (   )에 쓰세요.

(   )시 (   )분부터 (   )시 (   )분까지

보리타작

국어

아침부터 보리타작으로 바빴다. 점심 먹고 저녁 먹고 보리타작은 계속되었다. 저녁에도 보릿대는 차곡차곡 쌓였다. 나는 보릿대를 쌓다가 그만 깜박 잠이 들었다. 보름달이 나를 지켜 주었다. 밤이 되어서야 나는 보릿짚 향기를 맡으며 눈을 떴다. 가족들이 내 이름을 부르며 나를 찾고 있는 모습이 눈에 들어왔다.

위의 글을 읽고 알맞게 추론한 문장을 고르세요.

① 보리타작은 점심때부터 시작했습니다.

② 일을 마친 가족들은 글쓴이를 두고 먼저 집에 갔습니다.

③ 글쓴이는 보릿대를 쌓다가 피곤해서 보릿대 사이에서 잠들었습니다.

④ 논에서 보리타작을 한 날은 비가 조금 내렸습니다.

글쓴이는 "나는 보릿대를 쌓다가 그만 깜박 잠이 들었다."라고 썼어요. 이 말은 피곤해서 자연스럽게 잠들었음을 의미해요. 그러므로 ③번이 알맞은 추론이에요. ①번은, "아침부터 보리타작으로 바빴다."라고 했으므로 잘못된 추론이에요. ②번은, "가족들이 내 이름을 부르며 나를 찾고 있는 모습이 눈에 들어왔다."라고 했으므로 잘못된 추론이에요. ④번은, 글에서 비에 대한 언급이 전혀 없었으므로 잘못된 추론이에요.

이어 **생각하기**

앞의 글에서 '때'를 알 수 있는 낱말을 모두 찾아 쓰세요.

세탁기와 개미 왕국

국어

세탁기가 공중에서 비눗물을 뿌리자, 개미 왕국에 고민이 생겼다.

"비눗물이 개미집에 들어와 개미들이 고통받고 있습니다."

여왕개미는 세탁기 연구소장에게 세탁기를 체포할 방법을 연구하라고 지시했다. 그러자 연구소장이 나타나서 세탁기가 좋아하는 빨래를 구해 와 세탁기를 유혹해야 한다고 주장했다.

위의 글을 읽고 알맞게 추론한 문장을 고르세요.

① 여왕개미는 세탁기에게 상을 주기로 했습니다.

② 세탁기 연구소장은 세탁기를 연구하고 있었습니다.

③ 세탁기 연구소장은 비눗물이 더 필요하다고 주장했습니다.

④ 세탁기는 개미 왕국의 시민으로 임명되었습니다.

앞의 글에는 '세탁기 연구소장'이라는 직책이 나와요. 여왕 개미가 "세탁기 연구소장에게 세탁기를 체포할 방법을 연구하라고" 지시하자, 연구소장이 "세탁기가 좋아하는 빨래를 구해 와 세탁기를 유혹해야 한다."라는 아이디어를 냈으므로 연구소장은 세탁기를 연구하고 있었을 것이라고 추론할 수 있어요. 그러므로 ②번이 올바른 추론이에요. ①번은, 세탁기를 체포할 방법을 찾고 있으므로 반대의 내용이어서 잘못된 추론이에요. ③번은, 글에 나오지 않은 주장이에요. 오히려 비눗물 때문에 고민했으므로 잘못된 추론이에요. ④번은, 세탁기는 오히려 적으로 여겼으므로 잘못된 추론이에요.

이어 **생각하기**

비눗물은 반드시 하수도로 흘려보내야 하는 까닭을 곰곰이 생각하여 두세 문장으로 쓰세요.

수학

수업 시간

시계의 짧은바늘이 9를 가리키고, 긴바늘이 12를 가리킬 때 1교시 수업이 시작되었습니다. 1교시 수업은 시계의 짧은 바늘이 9와 10 사이, 긴바늘이 8을 가리킬 때 끝났습니다. 2교시 수업은 시계의 짧은바늘이 10과 11 사이, 긴바늘이 6을 가리킬 때 끝났습니다. 3교시 수업은 시계의 짧은바늘이 10과 11 사이, 긴바늘이 8을 가리킬 때 시작되었습니다.

위의 글을 읽고 알맞게 추론한 문장을 고르세요.

① 3교시 수업은 짧은바늘이 11과 12 사이, 긴바늘이 4를 가리킬 때 끝났습니다.

② 3교시 수업은 짧은바늘이 11과 12 사이, 긴바늘이 6을 가리킬 때 끝났습니다.

③ 3교시 수업은 짧은바늘이 11과 12 사이, 긴바늘이 8을 가리킬 때 끝났습니다.

④ 3교시 수업은 짧은바늘이 11과 12 사이, 긴바늘이 10을 가리킬 때 끝났습니다.

1교시 시작 시각은 9시 정각(짧은바늘 9, 긴바늘 12)이고, 끝나는 시각은 짧은바늘이 9와 10 사이, 긴바늘이 8을 가리키는 9시 40분이었어요. 다시 말하면, 1교시는 9:00~9:40이었어요. 2교시는 짧은바늘이 10~11 사이, 긴바늘이 6을 가리킬 때 끝났으므로 10시 30분에 끝났어요. 따라서, 2교시는 9:50~10:30이었어요. 3교시는 짧은바늘이 11과 12 사이, 긴바늘이 4를 가리킬 때 끝났으므로 11시 20분에 끝났어요. 그래서 3교시는 10:40~11:20분이었어요. 그러므로 긴바늘은 4, 짧은바늘은 11과 12 사이이므로 올바른 추론은 ①번이에요.

이어 **생각하기**

(　　)에 알맞은 말을 쓰세요.

4교시 수업은 짧은바늘이 11과 12 사이, 긴바늘이 6을 가리킬 때 시작했습니다. 수업이 40분 동안 진행되었다면, 4교시 수업이 끝난 시각은 (　　　　　　　　)입니다.

자형

수학

◁의 자형: 차, 례, 까, 리

△의 자형: 초, 보, 모, 오

◇의 자형: 투, 동, 물, 습

□의 자형: 감, 닷, 밥, 맘

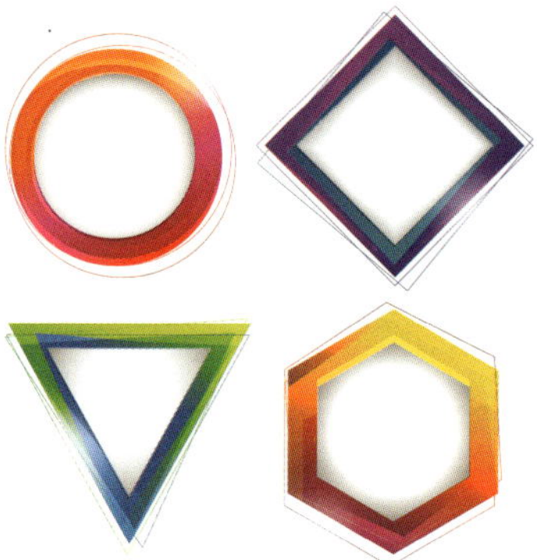

위의 글을 읽고 알맞게 추론한 문장을 고르세요.

① '저'는 ◇의 자형입니다.

② '노'는 □의 자형입니다.

③ '소'는 △의 자형입니다.

④ '잠'은 ◇의 자형입니다.

앞의 글을 보면, ◁ 자형은 왼쪽이 닫히고 오른쪽이 열려 있어요. △ 자형은 위로 뾰족하거나 삼각형 모양이에요. ◇ 자형은 위아래로 긴 모양이에요. □ 자형은 전체가 닫힌 네모꼴이에요. '저'는 'ㅈ'과 'ㅓ'의 조합으로 오른쪽이 닫힌 모양이므로 ◇보다는 ◁에 가까워서 ①번은 잘못된 추론이에요. '노'는 'ㄴ'과 'ㅗ' 조합으로 닫힌 네모꼴이 아니라 △ 자형에 더 가까워서 ②번도 잘못된 추론이에요. '소'는 'ㅅ'과 'ㅗ'의 조합으로 △ 자형에 가까우므로 ③번이 올바른 추론이에요. ④번은, '잠'은 '맘'과 비슷하게 닫힌 네모꼴 모양이므로 잘못된 추론이에요.

이어 **생각하기**

아래의 자형에 어울리는 글자를 찾아 (   )에 쓰세요.

◁의 자형: (   )

△의 자형: (   )

◇의 자형: (   )

□의 자형: (   )

강아지 찾기 놀이

수학

강아지 찾기 놀이를 했다. 내가 좋아하는 동물들이 그림으로 나와서 재미있었다. 하얀색 몰티즈 한 마리 그림, 갈색 푸들 두 마리 그림, 하얀색 몰티즈 세 마리 그림, 갈색 푸들 네 마리 그림, 하얀색 몰티즈 다섯 마리 그림, 갈색 푸들 여섯 마리 그림이 차례차례 나왔다.

위의 글을 읽고 알맞게 추론한 문장을 고르세요.

① 갈색 푸들 여섯 마리 그림 다음에는 갈색 푸들 여덟 마리가 나옵니다.

② 갈색 푸들 여섯 마리 그림 다음에는 갈색 푸들 열 마리가 나옵니다.

③ 갈색 푸들 여섯 마리 그림 다음에는 하얀색 몰티즈 일곱 마리가 나옵니다.

④ 갈색 푸들 여섯 마리 그림 다음에는 하얀색 몰티즈 아홉 마리가 나옵니다.

앞의 글에서, 마지막 그림은 푸들 6마리였으므로, 그다음은 몰티즈 그림이 나올 차례예요. 몰티즈의 수는 1 → 3 → 5 → 7, 즉 홀수로 증가하므로 다음은 몰티즈 7마리여야 자연스러운 규칙이에요. 그러므로 올바른 추론은 ③번이에요. ①번은, 규칙상, 다음에는 푸들이 아니라 몰티즈가 나올 차례이므로 잘못된 추론이에요. ②번도 잘못된 추론이에요. 푸들이 아니라 몰티즈 차례이고, 푸들이 증가하더라도 두 마리씩 늘어나기 때문에 갑자기 10마리로 뛰는 건 맞지 않아요. ④번은, 몰티즈가 맞긴 하지만, 이전까지 1 → 3 → 5로 증가했으므로 다음은 7마리여야 하므로 잘못된 추론이에요.

이어 **생각하기**

10번째 나오는 그림의 강아지는 어떤 종류이며 몇 마리일까요? (   )에 쓰세요.

강아지 종류: (   )

강아지 수: (   )마리

국어

볼, 감

구분	첫 자음자	모음자	받침
볼	돌, 솔, 골	발, 벌, 별	복, 봄, 봉
감	담, 밤, 잠	곰, 금, 김	각, 갓, 강

위의 표를 읽고 알맞게 추론한 문장을 고르세요.

① 뜻이 없는 낱말이 3개 있습니다.

② 자연에서 볼 수 있는 물건은 없습니다.

③ 자음자가 바뀌어도 낱말의 뜻은 변하지 않습니다.

④ 모음자가 바뀌면 낱말의 뜻도 달라집니다.

앞의 표에 제시한 낱말들을 보면, 모음자가 같아도 첫 자음자가 바뀌면 뜻이 달라져요. '볼'에서 'ㅂ'이 'ㄷ'으로 바뀌면 '돌'이 되어 뜻도 달라져요. 또 '감'에서 모음자 'ㅏ'가 'ㅣ'로 바뀌면, 뜻이 다른 '김'이 돼요. '감'에서 'ㅁ'이 'ㅇ'으로 바뀌면, '강'이 되어 뜻이 달라져요. 모음자나 자음자 중 하나만 바뀌어도 완전히 다른 낱말이 돼요. 그러므로 올바른 추론은 ④번이에요. ①번은, 제시한 낱말들은 모두 뜻이 있는 낱말이므로 잘못된 추론이에요. ②번은, 별, 강, 돌, 감, 곰, 봄 등은 모두 자연과 관련이 있으므로 잘못된 추론이에요. ③번은, 볼, 돌, 솔, 골 등은 모두 뜻이 달라서 자음자가 바뀌면 뜻도 바뀌므로 잘못된 추론이에요.

이어 **생각하기**

아래의 세 낱말에서 '모음자'만 바꾸어 새로운 낱말을 만드세요.

감 → (　　)

팔 → (　　)

발 → (　　)

내가 책을 보면

내가 책을 보면 책도 나를 본다.
내가 글을 보면 글도 나를 본다.
내 눈은 책 속 세상을 하나씩 만져 본다.
글은 소리 없이 빠르게
내 눈을 거쳐 머릿속에 들어와서 춤을 춘다.
글이 춤을 추면 나도 춤을 춘다.
그 춤을 보고 나는 웃는다.

위의 글을 읽고 알맞게 추론한 문장을 고르세요.

① 책은 살아 있는 생물처럼 나를 따라옵니다.
② 글은 눈이 아닌 손으로 읽어야 합니다.
③ 책을 읽으면 상상하게 되고 기분도 좋아진다는 뜻입니다.
④ 글이 춤을 추면 실제로 몸이 자동으로 움직인다는 뜻입니다.

앞의 글은 책과 글을 마치 친구처럼 표현하고 있어요. 책 속 세상을 '만져 보고', 글이 '춤을 추고', 나도 '웃는다'라는 표현을 통해 책 읽기의 즐거움을 표현하고 있어요. ①번은, 글의 분위기와 어울리는 비유이긴 하지만, '책이 나를 따라온다'라는 내용은 나오지 않으므로 알맞은 추론은 아니에요. ②번은, 글은 시각장애인처럼 손으로도 읽을 수 있지만 눈과 마음으로도 읽는 것이므로 잘못된 추론이에요. ③번은, 글이 머릿속에 들어와 '춤을 춘다 → 뜻이 생긴다 → 나는 웃는다'라는 흐름을 보면, 책을 읽으면 상상하게 되고 기분도 좋아진다는 의미가 잘 드러나므로 올바른 추론이에요. ④번은, '춤을 춘다'라는 비유적인 표현이 실제로 몸이 움직이게 한다는 뜻은 아니므로 잘못된 추론이에요.

이어 **생각하기**

책에는 여러 종류가 있어요. 자신이 좋아하는 책은 어떤 종류의 책이며, 좋아하는 까닭은 무엇인가요? 간단히 답변하세요.

자릿수

수학

297에서 2는 200을 나타내고, 9는 90을 나타내며, 7은 7을 나타냅니다. 따라서 297은 100이 2개, 10이 9개, 1이 7개인 수입니다.

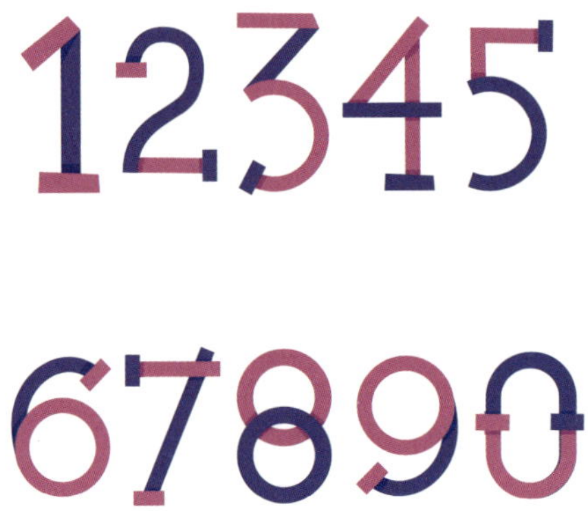

위의 글을 읽고 알맞게 추론한 문장을 고르세요.

① 297은 '200+70+9'로 이루어진 수입니다.

② 수의 자릿수가 많을수록 숫자는 작아집니다.

③ 백의 자리에 있는 숫자가 가장 큰 수를 나타냅니다.

④ 일의 자리에 있는 숫자를 가장 먼저 읽습니다.

앞의 글에서 297은 '200+90+7'로 이루어진 수이므로 ①번은 잘못된 추론이에요. ②번은, 자릿수는 수의 자리로, 숫자의 크기와 관계가 있으므로, 잘못된 추론이에요. 자릿수가 많아지면 수는 더 커져요. ③번은, 297에서 백의 자리인 2는 200을 나타내며, 가장 큰 수를 나타내므로 올바른 추론이에요. ④번은, 숫자는 왼쪽부터, 즉 백의 자리부터 읽어요. 일의 자리를 먼저 읽는 것이 아니므로 잘못된 추론이에요.

이어 생각하기

843의 수의 크기를 자릿수에 알맞게 (　　)에 쓰세요.

백의 자리는 (　　)이고 (　　)을 나타냅니다.

십의 자리는 (　　)이고 (　　)을 나타냅니다.

일의 자리는 (　　)이고 (　　)을 나타냅니다.

상영관에서는

국어

상영관에서 영화를 관람할 때 영화에 나오는 장면을 찍으면 안 돼. 상영관에서는 스마트폰이 진동하거나 소리가 나지 않게 해야 해. 상영관에서는 큰 소리로 이야기하거나 시끄럽게 떠들면 안 돼. 상영관에서는 앉은 자리에서 앞자리를 발로 차면 안 돼. 상영관에서는 영화가 끝난 뒤에 쓰레기를 상영관 밖에 있는 쓰레기통에 버려야 해.

위의 글을 읽고 알맞게 추론한 문장을 고르세요.

① 상영관에서는 타인의 관람을 방해하지 않도록 배려해야 합니다.

② 상영관에서 통화할 때는 부드럽고 차분한 목소리로 통화해야 합니다.

③ 영화 관람 중에는 감정을 표현하기 위해 소리 내어 웃는 것이 좋습니다.

④ 쓰레기는 영화가 끝난 뒤에 앉은 자리의 바닥에 두고 나옵니다.

앞의 글은 상영관에서는 '다른 사람의 관람을 방해하는 행동을 하지 않아야 한다'라는 내용을 전달하고 있어요. 그러므로 ①번이 올바른 추론이에요. ②번은, 상영관에서는 '통화'를 하지 않아야 하므로 목소리의 크기와 관계없이 통화는 타인의 관람을 방해하는 행위이므로 잘못된 추론이에요. ③번은, 감정 표현이 자연스러울 수는 있지만, '소리 내어 웃는 것'이 남들에게 불편을 끼치기 때문에 글에서 말한 예절과는 맞지 않으므로 잘못된 추론이에요. ④번은, 글에서 분명히 영화가 끝난 뒤, 상영관 밖 쓰레기통에 버려야 한다고 했으므로 잘못된 추론이에요.

이어 **생각하기**

앞의 글과 비슷한 예절을 지켜야 하는 장소에 밑줄 치세요.

도서관

운동장

시장

놀이공원

수 세기

수학

예니가 말했어.

“나는 311에서 출발해서 10씩 건너뛰어서 세었어.”

지니가 말했어.

“나는 912에서 100씩 거꾸로 건너뛰어서 세었어.”

위의 글을 읽고 알맞게 추론한 문장을 고르세요.

① 예니는 321, 331, 341처럼 수를 세었을 것입니다.

② 지니는 822, 732, 642처럼 수를 세었을 것입니다.

③ 예니는 100씩 커지는 수를 세었을 것입니다.

④ 지니가 센 수는 점점 커졌을 것입니다.

앞의 글에서 예니는 311에서 출발해서 10씩 건너뛰어서 수를 셌어요. 311, 321, 331, 341, 351, 361……. 이렇게 수가 10씩 커지므로 ①번이 올바른 추론이에요. ②번은, 지니는 912에서 100씩 거꾸로 건너뛰어서 수를 셌다고 했으므로, 912, 812, 712, 612……와 같이 세어야 맞으므로 잘못된 추론이에요. ③번은, 예니는 10씩 증가하는 수를 말했지, 100씩 커지는 수를 센 것이 아니므로 잘못된 추론이에요. ④번은, 지니는 수의 크기가 작아지는 방향으로 수를 셌지 점점 커지는 수를 센 것이 아니므로 잘못된 추론이에요.

이어 **생각하기**

앞의 글과 같이, 지니가 수를 세어 도착하는 수들을 (　)에 쓰세요.

912 → (　　) → (　　) → 612 → (　　)……

발명과 발견

국어

발명은 아직 없던 기술이나 물건을 새로 생각해서 만들어내는 거예요. 토스터는 전기로 빵을 구워주는 기계인데, 토스터 발명가는 새로운 이 기계를 만들어 사람들에게 편리함을 제공했어요. 반면에, 발견은 미처 찾아내지 못했거나 아직 알려지지 않은 것을 찾아내는 거예요. 오래전에 금과 은을 발견한 사람은 세상 사람들이 금과 은을 다채롭게 사용하는 기회를 제공했어요.

위의 글을 읽고 알맞게 추론한 문장을 고르세요.

① 컵라면은 발견의 결과물입니다.

② 아이스크림은 발견의 결과물입니다.

③ 한글은 발명의 결과물입니다.

④ 이산화탄소는 발명의 결과물입니다.

컵라면은 새로운 조리 방식과 형태로 만든 발명품이므로, ①번은 잘못된 추론이에요. 아이스크림은 냉동 기술과 조리 방식의 결과로 만들어진 발명품이므로, ②번도 잘못된 추론이에요. 한글은 세종대왕께서 새로운 문자 체계를 고안해 만든 것으로, 발명의 결과물이에요. 그러므로 ③번이 올바른 추론이에요. 이산화탄소는 원래 존재하던 물질이며, 자연에서 발견한 것이므로 ④번은 잘못된 추론이에요.

이어 **생각하기**

(　　)에 '발명'과 '발견'을 구분하여 알맞게 쓰세요.

망원경으로 달의 분화구를 본 것 (　　　　)

빛을 내는 전구를 만든 것 (　　　　)

깊은 바다에서 새로운 생물을 찾아낸 것 (　　　　)

오래된 유물을 땅에서 파낸 것 (　　　　)

나무를 심자

국어

나무를 심자
내 안에 나무를 심자
푸른 이파리가 흔들리는 나무를
맑은 산소를 내뿜는 나무를
내 안에 심자
뿌리가 튼튼하게 맑은 생각으로
줄기가 튼튼하게 깨끗한 생각으로
나무를 심자
내 안에 나무를 심자

위의 시를 읽고 알맞게 추론한 문장을 고르세요.

① 시 속의 나무는 실제 나무를 뜻합니다.

② 시인은 마음속에 나무를 숨기고 싶어 합니다.

③ 시에서 나무는 맑고 깨끗한 마음을 상징합니다.

④ 시인은 환경보호 운동에 참여하자는 뜻을 전하고 있습니다.

앞의 시의 화자는 실제 나무를 심자고 주장하는 게 아니에요. 나무는 상징적인 의미를 나타내는 말이에요. 그러므로 ①번은 잘못된 추론이에요. ②번은, 시에서 '나무를 숨기고 싶어 한다'라는 표현은 나오지 않으므로, 잘못된 추론이에요. ③번은, '맑은 생각', '깨끗한 생각'으로 나무를 키운다는 표현으로 보아, 나무는 마음속 맑고 바른 생각을 상징하므로, 올바른 추론이에요. ④번은, 이 시는 환경보호나 자연 보호 운동보다는, 마음속 내면*의 성장과 깨끗한 마음을 가꾸는 것에 초점을 두고 있으므로 잘못된 추론이에요.

이어 생각하기

앞의 시에서 '나무'가 상징하는 의미를 고르세요.

① 겉모습의 아름다움　② 물질적인 성공

③ 맑고 건강한 내면　④ 외부 환경의 변화

* 내면: 밖으로 드러나지 아니하는 사람의 속마음.

세 자리 수

수학

나는 '세 자리 수'입니다. 나의 '백의 자리 수'는 5보다 크고 7보다 작습니다. 나의 '십의 자리 수'는 90을 나타냅니다. 나의 '일의 자리 수'는 1을 나타냅니다.

위의 글을 읽고 알맞게 추론한 문장을 고르세요.

① '나'에 1을 더하면 700이 됩니다.

② '나'에 1을 빼면 690이 됩니다.

③ '나'에 10을 더하면 710이 됩니다.

④ '나'에 10을 빼면 690이 됩니다.

앞의 글에서 '백의 자리 수'는 5보다 크고 7보다 작으므로, 6이고 600을 나타내요. '십의 자리 수'는 9이며, 90을 나타내요. '일의 자리 수'는 1이고, 1을 나타내요. 따라서 '나'는 691이에요. ①번은, 691+1=692이므로 잘못된 추론이에요. ②번은, 691-1=690이므로 올바른 추론이에요. ③번은, 691+10=701이므로 잘못된 추론이에요. ④번은, 691-10=681이므로 잘못된 추론이에요.

이어 **생각하기**

( )에 알맞은 수를 쓰세요.

843은 '일의 자리 수'가 ( )을 나타내고, '십의 자리 수'는 ( )을 나타내고, '백의 자리 수'는 ( )을 나타냅니다.

국어

복주머니

세뱃돈을 받아 넣으려고
복주머니를 만들었다.
할머니 댁에 들어섰다.

큰아버지, 큰어머니
작은아버지, 작은어머니
큰고모부, 큰고모
작은고모부, 작은고모
가는 날이 장날이다.

차례대로 세배했다.
복주머니가 두둑해졌다.
가는 날이 장날이다.

위의 글을 읽고 알맞게 추론한 문장을 고르세요.

① '가는 날이 장날'은 뜻밖의 행운을 나타냅니다.

② '가는 날이 장날'은 곤란한 상황을 나타냅니다.

③ '가는 날이 장날'은 기대한 결과를 나타냅니다.

④ '가는 날이 장날'은 용돈에 대한 욕심을 나타냅니다.

'가는 날이 장날'은 생각지 않았거나 뜻하지 않았던 사실이나 사건과 우연히 마주치게 될 때 쓰는 말이에요. 우연히 일이 겹쳐 곤란하게 되었을 때나, 우연히 좋은 일이 생겼을 때도 사용해요. 그러므로 ①번이 올바른 추론이에요. ②번은, 이 속담은 곤란한 상황을 나타내기도 하지만, 이 글에서는 해당하지 않아요. 그러므로 잘못된 추론이에요. ③번은, 뜻밖의 상황이었기 때문에 '기대한 결과'와는 다르므로 잘못된 추론이에요. ④번은, 세뱃돈을 많이 받은 건 사실이지만, 글에서 욕심이 강조되지는 않았으므로 잘못된 추론이에요.

이어 생각하기

'가는 날이 장날'이 부정적인 뜻으로 쓰였으면 '부정*', 긍정적인 뜻으로 쓰였으면 '긍정*'이라고 (　　)에 쓰세요.

친구 집에 놀러 갔더니 하필 친구가 여행을 떠났다. 가는 날이 장날이다. (　　　　)

과자를 사러 마트에 갔는데 그 과자를 '1+1' 판매했다. 가는 날이 장날이다. (　　　　)

* 부정: 그렇지 아니하다고 단정하거나 옳지 아니하다고 반대함.

* 긍정: 그러하다고 생각하여 옳다고 인정함.

수 카드

수학

수학이는 수 카드 7, 6, 8을 사용해서 가장 큰 ‘세 자리 수’를 만들었습니다. 학수는 수 카드 8, 7, 9를 사용해서 가장 작은 ‘세 자리 수’를 만들었습니다.

6789

위의 글을 읽고 알맞게 추론한 문장을 고르세요.

① 수학이와 학수가 만든 ‘100의 자리 수’는 6과 7입니다.

② 수학이가 만든 ‘세 자리 수’에서 6은 60을 나타냅니다.

③ 학수가 만든 ‘세 자리 수’에서 7은 700을 나타냅니다.

④ 학수가 만든 ‘세 자리 수’에서 9는 90을 나타냅니다.

수학이는 수 카드 6, 7, 8을 사용해서 가장 큰 '세 자리 수'를 만들었으므로, 그 수는 876이에요. 학수는 수 카드 7, 8, 9를 사용해서 가장 작은 '세 자리 수'를 만들었으므로, 그 수는 789예요. ①번은, 수학이가 만든 100의 자리 수는 8이고, 학수가 만든 100의 자리 수는 7이므로, 잘못된 추론이에요. ②번은, 수학이가 만든 수 876에서 6은 '일의 자리'이므로, 잘못된 추론이에요. ③번은, 학수가 만든 수 789에서 7은 '백의 자리'이고 700을 나타내므로 올바른 추론이에요. ④번은, 학수가 만든 수에서 9는 '일의 자리'이므로 잘못된 추론이에요.

이어 **생각하기**

(　　)에 알맞은 수를 쓰세요.

수 카드 4, 2, 9로 만들 수 있는 '세 자리 수'에서 가장 큰 수는 (　　　　)이며, 가장 작은 수는 (　　　　)입니다.

훈민정음

훈민정음은 백성을 가르치는 바른 소리라는 뜻입니다. '훈민정음'은 두 가지의 의미가 있는 말입니다. 하나는 1443년에 세종 대왕이 만든 우리나라 글자를 이르는 말입니다. 즉 한글을 창제한 당시에 부른 이름입니다. 또 하나는 1446년 9월에 발간한 책 이름입니다.

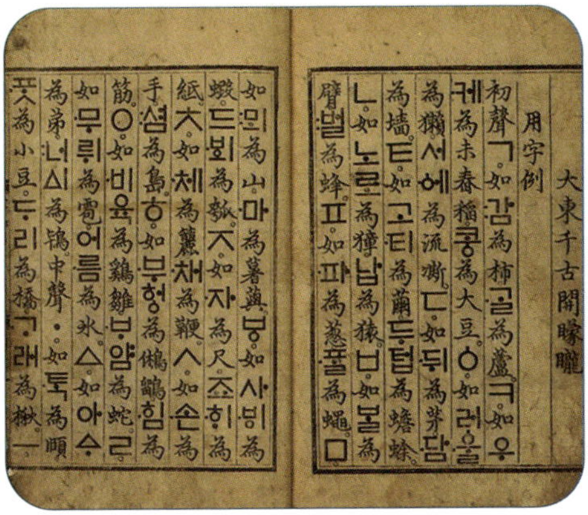

위의 글을 읽고 알맞게 추론한 문장을 고르세요.

① 훈민정음은 한글을 처음 만든 사람의 이름입니다.

② 훈민정음은 1449년에 만들어졌습니다.

③ 훈민정음은 한글의 원래 이름입니다.

④ 세종대왕은 훈민정음을 한글이라고 불렀습니다.

'훈민정음'은 세종대왕이 만든 글자 이름이지 사람 이름이 아니에요. 그러므로 ①번은 잘못된 추론이에요. ②번은, 한글은 1443년에 창제되었고, 훈민정음이라는 책은 1446년에 발간되었으므로 잘못된 추론이에요. ③번은, '훈민정음'은 지금 우리가 한글이라고 부르는 글자가 만들어졌을 때 부르던 이름이므로 올바른 추론이에요. '한글'이라는 이름은 1912년에 주시경 선생님이 지은 이름이라고 알려져 있어요. ④번은, 세종 대왕이 글자를 만든 당시에는 '훈민정음'이라고 불렀고, '한글'이라는 이름은 훨씬 나중에 생긴 이름이에요. 그러므로 잘못된 추론이에요.

이어 **생각하기**

앞의 글을 읽고 (   )에 알맞은 말을 쓰세요.

훈민정음은 백성을 가르치는 (   )라는 뜻입니다.

평면 도형

수학

나와 너의 '변'의 수를 모두 더하면 11이야. 나와 너의 '꼭짓점'의 수를 모두 더해도 11이지. 나는 삼각형, 사각형보다 '변'이 더 많아. 나의 '꼭짓점'은 사각형보다 2개가 더 많아. 내 '변'의 수는 삼각형보다 3개가 더 많지.

위의 글을 읽고 알맞게 추론한 문장을 고르세요.

① 나는 오각형이고, 너는 정사각형입니다.

② 나는 사각형이고, 너는 삼각형입니다.

③ 나는 육각형이고, 너는 오각형입니다.

④ 나는 칠각형이고, 너는 사각형입니다.

삼각형의 변은 3개, 사각형의 변은 4개, 오각형의 변은 5개, 육각형의 변은 6개, 칠각형의 변은 7개예요. 삼각형보다 변이 3개 더 많으면 3+3=6이므로 앞의 글에서 '나'는 육각형이에요. 사각형보다 꼭짓점이 2개 많으므로(4+2=6) 역시 '나'는 육각형이에요. '나'와 '너'의 변의 수는 모두 11이므로 11-6=5예요. 따라서 앞의 글에서 '너'는 오각형이에요. 그러므로 ③번이 올바른 추론이에요. ①번은, 오각형+정사각형 변의 수의 합은 5+4=9이므로 잘못된 추론이에요. ②번은, 사각형+삼각형 변의 수의 합은 4+3=7이므로 잘못된 추론이에요. ④번은, 칠각형+사각형 변의 수의 합은 7+4=11이지만, 삼각형보다 변이 3개 많은 건 육각형이므로 잘못된 추론이에요.

이어 **생각하기**

( )에 알맞은 도형을 쓰세요.

나는 변이 4개인 도형이야. 나의 모든 변의 길이는 같고, 모든 각의 크기도 같아. 그래서 나는 ( )이야.

찍찍이

국어

벨크로(Velcro)를 찍찍이라고 부르는데 옷이나 신발의 두 부분을 한데 붙였다 뗐다 하는 물건이에요. 까끌까끌한 한쪽 부분과 보들보들한 다른 쪽 부분을 한데 붙였다 떼었다 할 수 있어요. 스위스 전기 기술자 메스트랄은 도꼬마리 열매가 옷에 달라붙어서 잘 떨어지지 않는 사실을 알게 되었어요. 현미경으로 관찰하니 열매의 겉에 갈고리 모양의 돌기가 있었어요. 그것을 보고 마술 테이프를 발명했어요.

위의 글을 읽고 알맞게 추론한 문장을 고르세요.

① 찍찍이는 단추처럼 열매 모양으로 만들어졌습니다.

② 찍찍이는 자연에서 아이디어를 얻어 만든 것입니다.

③ 찍찍이는 까끌까끌한 한쪽 부분만으로 붙였다 뗄 수 있습니다.

④ 찍찍이는 동물의 털에서 아이디어를 얻어 만들었습니다.

앞의 글을 보면, 메스트랄은 도꼬마리 열매가 옷에 달라붙는 모습을 보고 '마술 테이프'라고 부르는 찍찍이를 발명했어요. 이처럼 자연에서 얻은 아이디어로 만든 발명품을 '자연 모방 발명'이라고 해요. 그러므로 ②번이 올바른 추론이에요. ①번은, 찍찍이는 열매 모양이 아니라 열매의 갈고리 돌기 모양에서 아이디어를 얻어 만들었으므로 잘못된 추론이에요. ③번은, 찍찍이는 까끌까끌한 한쪽 부분과 보들보들한 다른 쪽 부분이 짝이 되어야 붙였다 뗄 수 있으므로 잘못된 추론이에요. ④번은, 동물의 털 이야기는 글에 나오지 않아요. 찍찍이는 도꼬마리 열매에서 아이디어를 얻었어요. 그러므로 잘못된 추론이에요.

이어 **생각하기**

헬리콥터는 무슨 곤충의 모습을 보고 만든 발명품일까요?

(　　)에 쓰세요.

(　　　　　　　　　　)

쌓기나무로 지은 집

수학

내 꿈은 우리 가족이 한곳에 사는 것입니다. 그래서 나는 쌓기나무로 우리 가족이 함께 살 집을 만들고 있습니다. 맨 가운데는 우리 집, 우리 집 앞에는 이모네 집, 우리 집 뒤에는 할머니와 할아버지 집, 우리 집 왼쪽에는 삼촌네 집, 우리 집 오른쪽에는 고모네 집이 있습니다. 고모네 집에는 강아지와 고양이가 많아서 3층 집으로 지었습니다. 할머니와 할아버지 집의 2층에는 내가 언제든지 놀 수 있는 놀이터 전용 집으로 지었습니다.

위의 글을 읽고 알맞게 추론한 문장을 고르세요.

① 우리 집은 이모네 집보다 위층에 있습니다.

② 고모네 집은 두 층으로 되어 있습니다.

③ 할머니와 할아버지 집은 가족 집들의 중심에 있습니다.

④ 가족의 집을 짓는데 쌓기나무 8개를 썼습니다.

앞의 글을 바탕으로 쌓기나무의 수를 세어보면, 우리 집 1개, 이모네 집 1개, 할머니와 할아버지 집 1개, 삼촌네 집 1개, 고모네 집 3개, 할머니와 할아버지 집의 2층 놀이터 1개로 쌓기나무는 모두 8개를 썼어요. 그러므로 ④번이 올바른 추론이에요. ①번은, 글에서 "우리 집 앞에는 이모네 집"이라고 했어요. 두 집에 위아래가 따로 없으므로 잘못된 추론이에요. ②번은, 고모네 집은 글에서 '3층 집으로 지었다.'라고 했으므로 잘못된 추론이에요. ③번은, 우리 집이 가족 집들의 중심에 있고, 할머니와 할아버지 집은 우리 집 뒤에 자리 잡고 있다고 했으므로 잘못된 추론이에요.

이어 **생각하기**

앞의 글에 나오는 가족의 집들을 모두 3층 집으로 짓는다면, 쌓기나무는 모두 몇 개가 필요할까요? (　　)에 곱셈 식으로 쓰세요.

(　　　)×(　　　)=(　　　)

비사치기

국어

비사치기는 손바닥만 한 납작한 돌을 땅에 세워 놓고 얼마쯤 떨어진 곳에서 돌을 던져 맞히는 놀이입니다. 비사치기는 놀이 방법이 다양합니다. 발등에 돌을 올린 뒤, 살살 걸어가서 돌을 맞히는 '발등 치기'가 있고, 두 발 사이에 돌을 끼우고 두 발을 모아 뛰어서 상대방이 세워 놓은 돌 앞에서 두 발에 끼인 돌을 날려 맞히는 '발목 치기'도 있습니다. 두 무릎 사이에 돌을 끼우고 돌을 떨어뜨리지 않게 살살 걸어가 상대방의 돌 위에서 돌을 떨어뜨려 돌을 쓰러뜨리는 '무릎 치기'도 있습니다.

위의 글을 읽고 알맞게 추론한 문장을 고르세요.

① 비사치기는 모래밭에서 하는 놀이입니다.

② 비사치기할 때, 돌을 던지는 거리가 멀면 더 쉽습니다.

③ 발목 치기를 하려면 캥거루처럼 뛰어가야 합니다.

④ 무릎 치기가 가장 쉬운 비사치기 방법입니다.

앞의 글에서 '발목 치기'는 두 발 사이에 돌을 끼우고 두 발을 모아 뛰어서 상대방 비석 앞에서 비석을 날려 맞히는 놀이로 설명했어요. 이 모습은 캥거루처럼 발을 모아 깡충깡충 뛰는 장면 같아서 알맞은 추론이에요. 그러므로 ③번이 올바른 추론이에요. ①번은, 놀이 장소는 글에 자세하게 설명하지 않았으므로, 잘못된 추론이에요. ②번은, 돌을 던지는 거리가 멀면 더 쉽다는 내용은 상식에 맞지 않으므로 잘못된 추론이에요. ④번은, 글에는 '무릎 치기'가 가장 쉽다는 내용도 없고, 돌을 정확하게 떨어뜨려야 해서 '무릎 치기'도 쉽지 않으므로 잘못된 추론이에요.

이어 **생각하기**

비사치기에는 배 위에 돌을 올린 채 살살 걸어가 그 돌을 떨어뜨려 상대방 돌을 쓰러뜨리는 방법도 있습니다. 이 방법은 무엇이라고 부를까요? 알맞은 말에 밑줄 치세요.

살살 치기

배 치기

가슴 치기

떨어 치기

카드놀이

수학

내가 가진 숫자는 37이고, 상대방이 가진 숫자는 83이다. 나는 37에 어떤 수를 보태어 상대방이 가진 숫자보다 더 큰 숫자를 만들어야 한다. 이제 내가 선택할 수 있는 카드는 십의 자리의 수가 모두 4이다. 내 앞에는 10장의 카드가 있다. 나는 무엇을 잡아야 할까?

위의 글을 읽고 알맞게 추론한 문장을 고르세요.

① 일의 자리에 숫자 3이 적힌 카드를 잡아야 합니다.

② 일의 자리에 숫자 6이 적힌 카드를 잡아야 합니다.

③ 일의 자리에 숫자 5가 적힌 카드를 잡아야 합니다.

④ 일의 자리에 숫자 7이 적힌 카드를 잡아야 합니다.

앞의 글에서 글쓴이가 가진 숫자는 37이에요. 즉 십의 자리는 3, 일의 자리는 7이에요. 새롭게 선택할 수 있는 카드는 십의 자리 숫자가 모두 4이므로, 새 숫자는 40, 41……49예요. 상대방이 가진 83보다 큰 숫자를 만들어야 하므로, 선택할 숫자는 46보다 더 커야 해요. 식으로 나타내면, '37+? > 83'이므로, 일의 자리가 6보다 큰 카드를 골라야 해요. 그러므로 올바른 추론은 ④번이에요. ①번은, 숫자 3 카드는 37+43=80이 되어서 83보다 작으므로 잘못된 추론이에요. ②번은, 숫자 6 카드는 37+46=83이 되어서 상대방이 가진 83과 같은 크기이므로 잘못된 추론이에요. ③번은, 숫자 5 카드는 37+45=82가 되므로 잘못된 추론이에요.

이어 **생각하기**

(　)에 알맞은 수를 쓰세요.

1~9까지의 수 카드 중에서 두 장을 골라 두 자리 수를 만들어 39와 더하려고 합니다. 더한 값이 124일 때, 수 카드의 수는 (　　)과 (　　)입니다.

현지에게

국어

현지야, 미안해. 네가 아끼는 노란색 펜을 잃어버려서 정말 미안해. 내가 노란색 펜을 사용하고서 곧바로 돌려주지 못해서 정말 미안해. 내 잘못이야. 엄마한테 같은 펜을 사 달라고 했으니까 조금만 기다려 줘. —기운 씀

위의 글을 읽고 알맞게 추론한 문장을 고르세요.

① 기운은 현지의 펜을 일부러 숨겼습니다.

② 기운은 현지의 마음을 이해하고 있습니다.

③ 현지는 기운의 물건을 빌렸습니다.

④ 기운은 현지에게 펜을 다시 빌리려고 합니다.

기운이 쓴 앞의 편지글을 보면, 기운은 현지가 노란색 펜을 아낀다는 것을 이해하고 있어요. 그리고 자신이 실수로 펜을 잃어버린 것을 반성하며 진심으로 사과하고 있어요. 그래서 같은 펜을 사서 돌려주려는 마음도 담겨 있어요. 그러므로 ②번이 올바른 추론이에요. ①번은, 글에는 일부러 숨겼다는 말은 전혀 없고, 오히려 실수였음을 말하고 있으므로 잘못된 추론이에요. ③번은, 펜을 빌린 사람은 기운이므로 잘못된 추론이에요. ④번은, 다시 빌리려는 게 아니라 새 펜을 사서 돌려주려고 하므로 잘못된 추론이에요.

이어 생각하기

아래의 문장에서 (   )에 어떤 말을 쓰면 좋을까요? 적절한 말에 밑줄 치세요.

내가 실수로 네 연필을 떨어뜨려 연필심이 부러졌어. (   ) 내가 그 연필을 예쁘게 깎아 줄게. 하지만 줄어든 연필 길이만큼 우리 사이는 더 가까워지지 않겠니?

실수였을 뿐이야. 정말 미안해.

연필심이 너무 약해. 연필깎이 가지고 있니?

~는 ~보다

수학

크레파스는 지우개보다 깁니다. 연필은 자보다 짧습니다. 연필은 크레파스보다 깁니다. 필통은 자보다 짧습니다. 필통은 연필보다 깁니다.

위의 글을 읽고 알맞게 추론한 문장을 고르세요.

① 가장 긴 것은 연필이고, 가장 짧은 것은 크레파스입니다.

② 가장 긴 것은 필통이고, 가장 짧은 것은 연필입니다.

③ 가장 긴 것은 자이고, 가장 짧은 것은 지우개입니다.

④ 가장 긴 것은 크레파스이고, 가장 짧은 것은 자입니다.

앞의 글에서 밝힌 길이 비교 내용을 순서대로 부등호로 나타내 볼까요? ‘크레파스 > 지우개’, ‘연필 < 자’, ‘연필 > 크레파스’, ‘필통 < 자’, ‘필통 > 연필’. 이 내용을 정리하면, ‘자 > 필통 > 연필 > 크레파스 > 지우개’예요. 결국 이 물건 중에서 가장 긴 것은 자이며, 가장 짧은 것은 지우개예요. 그러므로 올바른 추론은 ③번이에요. ①번은, 연필은 자보다 짧고, 크레파스보다 길어서 잘못된 추론이에요. ②번은, 필통은 자보다 짧고, 연필보다 길어서 잘못된 추론이에요. ④번은, 크레파스는 연필보다 짧고, 자는 연필보다 길어서 잘못된 추론이에요.

이어 **생각하기**

다음 물건들의 길이를 비교하여 (   )에 쓰세요.

젓가락은 바늘보다 (   ).

발가락은 손가락보다 (   ).

길이 단위

수학

길이를 잴 때 사용하는 단위에는 무엇이 있을까요? 그것은 길이를 재는 사람이 선택할 수 있어요. 사람의 뼘도 단위가 될 수 있어요. 손가락 마디도 단위가 될 수 있어요. 클립, 풀, 크레파스, 연필도 단위가 될 수 있어요. 센티미터도 길이 단위예요.

위의 글을 읽고 알맞게 추론한 문장을 고르세요.

① 길이는 반드시 자로만 재야 합니다.

② 길이를 잴 때 손가락으로 재는 것은 틀린 방법입니다.

③ 클립이나 연필도 길이를 재는 단위가 될 수 있습니다.

④ 길이를 재는 단위는 정해진 것만 사용해야 합니다.

앞의 글을 보면, 클립이나 연필처럼 주변 물건도 길이를 재는 단위로 사용할 수 있어요. 즉, 센티미터처럼 정해진 단위뿐 아니라 상황에 따라 선택한 물건도 길이 단위가 될 수 있다는 뜻이에요. 그러므로 ③번이 올바른 추론이에요. 글에서는 센티미터뿐만 아니라 뼘, 손가락 마디, 클립, 풀, 크레파스, 연필 등도 길이 단위가 될 수 있다고 했어요. 그러므로 ①번은 잘못된 추론이에요. ②번은, 글에서 손가락 마디도 단위가 될 수 있다고 했고, 손가락으로 재는 것도 한 방법이므로 잘못된 추론이에요. ④번은, 글에서는 길이를 재는 사람이 단위를 자유롭게 선택할 수 있다고 했어요. 그러므로 잘못된 추론이에요.

이어 **생각하기**

몸의 일부분을 사용한 길이 단위를 (　　)에 쓰세요.

(　　　　　　　　　　　　　　　　　　　　)

분류 기준

국어

동물을 아래와 같이 분류했습니다.

우렁이, 지렁이, 구렁이, 달팽이

펭귄, 타조, 오리, 고니

코알라, 치타, 몽구스, 장수거북

메뚜기, 여왕개미, 호랑나비, 꿀벌

위의 글을 읽고 알맞게 추론한 문장을 고르세요.

① 분류 기준은 알을 낳는 수입니다.

② 분류 기준은 다리의 수입니다.

③ 분류 기준은 사는 곳입니다.

④ 분류 기준은 먹이의 종류입니다.

앞의 글에서 여러 동물을 네 종류로 나누었어요. 우렁이, 지렁이, 구렁이, 달팽이는 다리가 없는 동물이고, 펭귄, 타조, 오리, 고니는 다리가 두 개인 동물이며, 코알라, 치타, 몽구스, 장수거북은 다리가 네 개인 동물이고, 메뚜기, 여왕개미, 호랑나비, 꿀벌은 다리가 여섯 개인 동물이에요. 이렇게 분류 기준은 다리의 수이므로 올바른 추론은 ②번이에요. ①번은, 모든 동물이 알을 낳는 것은 아니므로 잘못된 추론이에요. ③번은, 글 속의 동물들이 사는 곳이 딱히 정해져 있지 않으므로 잘못된 추론이에요. ④번은, 동물들의 먹이 습관은 동물마다 다르므로 잘못된 추론이에요.

이어 생각하기

아래의 동물 중 땅 위에서 사는 동물과 물속에서 사는 동물을 분류하여 쓰세요.

구렁이, 상어, 타조, 코알라, 돌고래, 잉어, 치타, 메뚜기, 멸치

땅 위에서 사는 동물:

물속에서 사는 동물:

연필 상품

수학

연필이 선생님 책상 위에 가득했다.

"오늘 놀이 잔치에 쓸 상품이란다."

선생님께서는 테이프로 연필을 몇 개씩 묶을까 고민하셨다. 6개씩 묶으면 4명만 이 상품을 받을 수 있다. 우리 반 학생은 24명이다. 나는 가장 많은 친구가 이 상품을 받으면 좋겠다고 생각했다.

위의 글을 읽고 알맞게 추론한 문장을 고르세요.

① 가장 많은 친구가 상품을 받으려면 3묶음을 만들어야 합니다.

② 가장 많은 친구가 상품을 받으려면 4묶음을 만들어야 합니다.

③ 가장 많은 친구가 상품을 받으려면 6묶음을 만들어야 합니다.

④ 가장 많은 친구가 상품을 받으려면 묶음을 만들지 않아야 합니다.

앞의 글에서 "6개씩 묶으면 4명"이라고 했으므로 선생님께서 준비한 연필은 모두 24자루(6×4=24)라는 것을 추론할 수 있어요. 어떤 수로 연필을 묶든, 묶는 순간, 묶음 수만큼만 친구들에게 상품을 나누어 줄 수 있어요. ①번은, 8개씩 3묶음을 만들면 연필을 3명에게 줄 수 있으므로 잘못된 추론이에요. ②번은, 6개씩 4묶음을 만들면 4명에게만 줄 수 있으므로 잘못된 추론이에요. ③번은, 4개씩 6묶음을 만들면 6명에게만 줄 수 있으므로 잘못된 추론이에요. 하지만 연필을 묶지 않으면 1자루씩 24명에게 나눠줄 수도 있어요. 그러므로 ④번이 올바른 추론이에요.

이어 **생각하기**

앞의 글에서 만약에 선생님께서 가장 많은 연필 묶음을 만들었다면 모두 몇 묶음일까요? 알맞은 수를 (　　)에 쓰세요.

(　　　)묶음

국어

학교야, 놀자

학교에 쑥 들어서면
운동장에서 학교랑 달리기 한 판.
오늘도 학교는 나를 뒤에서 밀어준다.
내가 이겼다.
늘 지기만 하는 학교.
학교야, 놀자.

위의 글을 읽고 알맞게 추론한 문장을 고르세요.

① 말하는 이는 학교를 싫어합니다.

② 말하는 이는 학교를 친구처럼 생각합니다.

③ 말하는 이는 항상 학교를 이기고 싶어 합니다.

④ 말하는 이는 학교를 선생님처럼 생각합니다.

앞의 글에는 “오늘도 학교는 나를 뒤에서 밀어준다.”라는 표현이 있어요. 이 표현은 학교를 친구처럼 우호적인 관계로 생각하는 것을 나타내요. “학교야, 놀자.”라는 말도 학교를 친구처럼 친근하게 느끼고 있음을 나타내요. 그러므로 ②번이 올바른 추론이에요. ①번은, 글의 전체 분위기가 우호적이며 학교를 싫어하는 감정이 드러나지 않으므로 잘못된 추론이에요. ③번은, 학교를 이기려고 하는 마음이 아니라 학교를 좋아하는 내용이므로 잘못된 추론이에요. ④번은, 말하는 이는 학교를 선생님으로 비유하지 않았으므로 잘못된 추론이에요.

이어 **생각하기**

‘학교’를 ‘동화책’으로 바꾸어서 자유롭게 시를 써 보세요.

딸기의 수

수학

딸기의 수는 바나나의 수의 7배입니다. 토마토는 바나나의 수의 6배입니다. 딸기와 바나나와 토마토의 전체 수는 28입니다.

위의 글을 읽고 알맞게 추론한 문장을 고르세요.

① 딸기의 수는 7개입니다.

② 바나나의 수는 2개입니다.

③ 토마토의 수는 10개입니다.

④ 딸기의 수와 토마토의 수의 합은 27입니다.

딸기와 토마토가 바나나의 몇 배인지 먼저 알면 문제를 쉽게 풀 수 있어요. 딸기, 바나나, 토마토 수의 전체 합이 28이므로, 바나나는 1개나 2개라고 추론할 수 있어요. 1개면 1×7=7, 1×6=6이고, 2개면 2×7=14, 2×6=12예요. 전체 수가 28이 되려면 14+12+□=28이므로, 바나나의 수는 2예요. 그러므로 ②번이 올바른 추론이에요. ①번은, 딸기의 수는 바나나의 수인 2개의 7배이므로 14개예요. 그러므로 잘못된 추론이에요. ③번은, 토마토는 바나나의 수의 6배이므로 12개예요. 그러므로 잘못된 추론이에요. ④번은, 딸기의 수는 14개, 토마토의 수는 12개로 합치면 26개가 돼요. 그러므로 잘못된 추론이에요.

이어 **생각하기**

(　　)에 알맞은 수를 쓰세요.

사과의 수는 배의 수의 3배이고, 포도송이의 수는 배의 수의 2배입니다. 사과, 배, 포도송이의 전체 합은 30입니다. 그러므로 사과는 (　　)개이고, 배는 (　　)개이며, 포도송이는 (　　)개입니다.

백구

국어

백구는 할머니가 버스를 타고 시장에 간 뒤부터 계속 대문 앞에 나와 앉아 있었다. 아침 햇살이 마당에 살짝 번지기 시작할 무렵, 백구는 대문 앞에 풀썩 엎드렸다. 백구는 버스 정류장을 바라보며 바람에 실려 오는 냄새에 코를 킁킁댔다. 지나가는 자전거 소리에 귀를 쫑긋 세우고 고개를 들기도 했다. 백구의 시선은 여전히 버스 정류장을 향하고 있었다.

위의 글을 읽고 알맞게 추론한 문장을 고르세요.

① 백구는 대문 앞에 나와 햇볕을 쬐는 것을 좋아합니다.

② 백구는 할머니가 언제 돌아오실지 몰라 불안해하고 있습니다.

③ 백구는 자전거 소리에 놀라 대문 안으로 들어갔습니다.

④ 백구는 시장에 가는 것을 좋아하지 않아 대문 앞에 남아 있었습니다.

앞의 글에서 할머니께서 버스를 타고 시장에 간 뒤 백구가 계속 대문 앞에 나와 앉아 있다는 점에 주목해야 해요. 백구가 할머니께서 돌아오기를 기다리며 버스 정류장을 바라보고 있는 모습은 불안감을 나타내는 것으로 추론할 수 있어요. 그러므로 ②번이 올바른 추론이에요. ①번은, 백구가 대문 앞에 있는 이유는 할머니를 기다리는 것이지 햇볕을 쬐기 위한 것이 아니므로 잘못된 추론이에요. ③번은, 백구는 자전거 소리에 귀를 기울이긴 하지만, 대문 안으로 들어가지는 않았으므로 잘못된 추론이에요. ④번은, 백구가 대문 앞에 있는 이유는 할머니께서 돌아오기를 기다리기 때문이지, 시장에 가는 것을 좋아하지 않아서가 아니므로 잘못된 추론이에요.

이어 **생각하기**

할머니께서 시장에서 돌아왔을 때 백구는 어떤 몸짓을 했을까요? 상상하여 쓰세요.

별의 수

수학

별 모양이 규칙적으로 그려진 이불에 동생이 누워 있습니다. 하나, 둘, 셋……, 헤아리다가 가로 별이 모두 9개인 것을 보았습니다. 세로 별은 모두 7개였습니다. 내가 보고 헤아린 별은 22개입니다. 동생이 몸으로 가린 별의 수는 몇 개일까요?

위의 글을 읽고 알맞게 추론한 문장을 고르세요.

① 동생이 몸으로 가린 별의 수는 39개입니다.

② 동생이 몸으로 가린 별의 수는 40개입니다.

③ 동생이 몸으로 가린 별의 수는 41개입니다.

④ 동생이 몸으로 가린 별의 수는 42개입니다.

별이 그려진 이불을 떠올려 보세요. 이불에 그려진 가로 별의 수가 9개, 세로 별의 수가 7개이므로 이불에 그려진 별의 전체 개수는 63개예요. 63개 중에서 글쓴이가 본 것이 22개이므로, 뺄셈 식으로 나타내면 63-22=41이에요. 따라서, 동생이 몸으로 가린 별의 수는 41개예요. 그러므로 올바른 추론은 ③번이에요. ①번, ②번, ④번은 41개가 아니므로 모두 잘못된 추론이에요.

이어 **생각하기**

(　　)에 알맞은 수를 쓰세요.

이불에 그려진 별의 수를 2배로 늘렸습니다. 그랬더니, 이불의 가로 별은 모두 18개였고, 이불의 세로 별은 모두 (　　)개였습니다.

개구리 문구점

국어

개구리 문구점에 손님이 찾아왔다.

"잘 지워지는 지우개 하나 주세요."

"네, 거기 있는 지우개가 바로 그 지우개예요."

"괴로움도 지워지나요?"

"그럼요. 슬픔과 고통도 다 지워지죠. 다만 기쁨과 행복도 함께 지워질 수 있으니 조심하셔야 해요."

"어떻게 쓰나요?"

"슬픔과 고통을 느끼는 장면이 떠오른 순간, 지우개로 손등을 문지르면 돼요."

위의 글을 읽고 알맞게 추론한 문장을 고르세요.

① 개구리 문구점 지우개는 고통만 지우는 지우개입니다.

② 개구리 문구점 지우개는 행복만 지우는 지우개입니다.

③ 개구리 문구점 손님은 고통을 지우길 원합니다.

④ 개구리 문구점 손님은 행복했던 일을 지우길 바랍니다.

앞의 글에서 손님은 “잘 지워지는 지우개 하나 주세요.”라고 요청하며, “괴로움도 지워지나요?”라고 물어봤어요. 이 말은 손님이 슬픔과 고통을 지우고 싶어 하는 마음을 나타내고 있어요. 그러므로 ③번이 올바른 추론이에요. ①번은, 지우개는 슬픔과 고통을 지울 수 있지만, 행복도 지울 수 있으므로 잘못된 추론이에요. ②번은, 지우개는 기쁨과 행복을 포함하여 여러 감정을 지울 수 있다고 했으므로 잘못된 추론이에요. ④번은, 손님은 슬픔과 고통을 지우고 싶어 하지, 행복했던 일도 지우고 싶다는 내용은 나타나지 않았어요. 그러므로 잘못된 추론이에요.

이어 **생각하기**

지난 일을 지울 수 있는 지우개가 있다면, 어떤 경험을 지우고 싶은지 솔직하게 쓰세요.

횡단보도 신호등

수학

횡단보도에 있는 보행자 신호등에 숫자가 나타났다. 빨간색 숫자가 80부터 시작되더니 79, 78, 77……, 6이 되더니 사라져 버렸다. 왜 그다음 숫자가 나오지 않을까 궁금했다. 약 5초가 지난 뒤에 횡단보도 빨간불이 초록불로 바뀌었다.

위의 글을 읽고 알맞게 추론한 문장을 고르세요.

① 보행자 신호등의 숫자가 사라진 후 바로 초록불이 켜졌습니다.

② 보행자 신호등은 숫자가 80에서 0으로 바뀌었습니다.

③ 보행자는 신호등에 빨간색 숫자가 있을 때는 보도에서 기다려야 합니다.

④ 숫자가 6이 되면 횡단보도 신호등이 초록불로 바뀝니다.

앞의 글에서 글쓴이는 빨간색 숫자가 줄어드는 것을 보고 5, 4, 3, 2, 1이 왜 나오지 않는지 궁금했어요. 글쓴이는 신호등의 상태를 주의 깊게 관찰하고 있어요. 이 내용을 보면, 보행자는 빨간불일 때는 보도에서 기다려야 한다는 안전 규칙을 따르고 있다는 것을 추론할 수 있어요. 그러므로 ③번이 올바른 추론이에요. ①번은, 신호등의 숫자가 사라진 후 바로 초록불이 켜진 것이 아니라, 약 5초 후에 초록불로 바뀌었다는 내용이 있으므로 잘못된 추론이에요. ②번은, 보행자 신호등에서 숫자가 80에서 시작했지만, 1이 아니라 6에서 끝났으므로 잘못된 추론이에요. ④번은, 숫자 6이 사라진 후 약 5초가 지나고서 초록불로 바뀌었다고 했으므로 잘못된 추론이에요.

이어 생각하기

앞의 글의 횡단보도 신호등에 숫자 5, 4, 3, 2, 1은 나타나지 않게 만든 까닭은 무엇일까요? 그 이유를 생각하여 쓰세요.

수학

어떤 수일까요?

이 수의 '천의 자리 수'는 5보다 크고 7보다 작습니다. '백의 자리 수'는 1보다 크고 3보다 작습니다. '십의 자리 수'는 9보다 작고 7보다 큽니다. '일의 자리 수'는 1보다 작습니다. 이 수는 어떤 수일까요?

위의 글을 읽고 알맞게 추론한 문장을 고르세요.

① 글에서 설명한 네 자리 수는 5281입니다.

② 글에서 설명한 네 자리 수는 6280입니다.

③ 글에서 설명한 네 자리 수는 6381입니다.

④ 글에서 설명한 네 자리 수는 7280입니다.

'천의 자리 수'가 5보다 크고 7보다 작으므로 6이고, '백의 자리 수'가 1보다 크고 3보다 작으므로 2이며, '십의 자리 수'가 7보다 크고 9보다 작으므로 8이고, '일의 자리 수'는 1보다 작으므로 0이에요. 그러므로 앞의 글에서 묻는 수는 6280이에요. 올바른 추론은 ②번이에요. ①번은, '천의 자리 수' 5는 조건(5보다 커야 함)에 맞지 않으므로 잘못된 추론이에요. ③번도, '일의 자리 수' 1이 조건에 맞지 않으므로 잘못된 추론이에요. ④번도, '천의 자리 수' 7이 조건(7보다 작아야 함)에 맞지 않으므로 잘못된 추론이에요.

이어 **생각하기**

수 카드 0, 3, 5, 7을 중복 없이 모두 사용하여 '십의 자리 수'가 70을 나타내는 네 자리의 수를 모두 만들어 쓰세요.

미리야

국어

"미리야, 네가 그린 송아지 그림은 이상하지만 아름다워."

"주영아, 네가 그린 애기똥풀 그림은 노란색이 풍부해서 따뜻한 느낌이 들어서 참 좋아."

"미리야, 고마워."

위의 글을 읽고 알맞게 추론한 문장을 고르세요.

① 미리는 친구가 잘못한 점과 칭찬할 점을 함께 말했습니다.

② 주영이는 미리에게 풀꽃을 잘 그린다고 칭찬했습니다.

③ 미리는 친구가 잘한 점을 칭찬하면서 까닭도 함께 말했습니다.

④ 주영이는 미리가 그린 그림이 아름다운 까닭을 말했습니다.

앞의 글을 보면, 미리는 주영이에게 "주영아, 네가 그린 애기똥풀 그림은 노란색이 풍부해서 따뜻한 느낌이 들어서 참 좋아."라고 말했어요. 이 말에는 칭찬하는 내용과 칭찬하는 까닭이 모두 들어 있어요. 그러므로, ③번이 올바른 추론이에요. ①번은, 미리가 한 말이 아니라 주영이가 한 말이므로 잘못된 추론이에요. ②번은, 주영이는 미리에게 송아지 그림에 대해 말하고 있으므로 잘못된 추론이에요. ④번, 주영이는 미리의 그림이 아름답다는 점은 말하지 않았으므로 잘못된 추론이에요.

이어 **생각하기**

앞의 글에서 주영이는 왜 "미리야, 고마워."라고 말했을까요? 자유롭게 쓰세요.

초콜릿의 수

수학

초콜릿이 가로로 3개씩, 세로로 3개씩 모두 9개가 들어 있는 상자가 9개가 있어요. 우리 반 친구들에게 초콜릿을 4개씩 나눠 주면 1개가 남아요.

위의 글을 읽고 알맞게 추론한 문장을 고르세요.

① 전체 초콜릿의 수를 구하려면 3단 곱셈구구가 좋습니다.

② 전체 초콜릿의 수를 구하려면 4단 곱셈구구가 좋습니다.

③ 전체 초콜릿의 수를 구하려면 6단 곱셈구구가 좋습니다.

④ 전체 초콜릿의 수를 구하려면 9단 곱셈구구가 좋습니다.

앞의 글에서 전체 초콜릿의 수를 구하기 위해서는 각 상자에 있는 초콜릿 개수인 9개를 상자 수 9와 곱해야 하므로 ④번이 올바른 추론이에요. ①번은, 3단 곱셈구구는 각 상자 안에 있는 초콜릿의 수를 구하는 데 필요하지만, 전체 초콜릿 수를 구하는 데는 적합하지 않아요. 그러므로 잘못된 추론이에요. ②번은, 4단은 초콜릿의 수를 구하는 데 사용할 수 있는 곱셈구구가 아니에요. ③번은, 6단 곱셈구구도 초콜릿의 수를 구하는 데 사용할 수 있는 곱셈구구가 아니므로 잘못된 추론이에요.

이어 **생각하기**

앞의 글에서 '우리 반 친구들'은 모두 몇 명일까요? (　　)에 쓰세요.

(　　)명

멀리뛰기

수학

선을 긋고 누나와 같이 멀리뛰기를 했다. 도움닫기를 해서 뛰어오다가 그은 선을 넘지 않고 오른발을 한 번 디디고 점프하고, 왼발을 한 번 디디고 점프하고, 마지막으로 오른발을 디딘 다음에 두 발을 모아 점프하여 모래밭에 떨어졌다. 내 기록은 3m 50cm였다. 누나는 나보다 60cm 더 멀리 뛰었다.

위의 글을 읽고 알맞게 추론한 문장을 고르세요.

① 내 멀리뛰기 기록은 4m를 조금 넘습니다.

② 누나의 멀리뛰기 기록은 4m 10cm입니다.

③ 누나의 기록은 내 기록보다 50cm 더 깁니다.

④ 내 기록과 누나 기록의 차이는 1m보다 큽니다.

앞의 글에서 누나의 멀리뛰기 기록은 나의 기록보다 60cm 더 길어요. 나의 기록인 3m 50cm에 누나의 기록인 60cm를 더하면 4m 10cm예요. 그러므로 ②번이 올바른 추론이에요. ①번은, 내 기록은 3m 50cm여서 4m에 미치지 않으므로 잘못된 추론이에요. ③번은, 누나의 기록은 내 기록보다 60cm 더 길어서 잘못된 추론이에요. ④번은, 두 기록의 차이는 60cm인데, 1m는 100cm이므로 60cm는 1m보다 작아요. 그러므로 잘못된 추론이에요.

이어 **생각하기**

앞의 글에서, 나의 멀리뛰기 기록인 3m 50cm는 어디에서 어디까지를 잰 길이인가요? 알맞은 문장에 밑줄 치세요.

① 도움닫기를 하려고 달려간 길이

② 도움닫기를 시작한 곳에서 선까지의 길이

③ 누나와 내가 함께 달려간 길이

④ 선 앞에서 점프하여 모래밭에 떨어진 곳까지의 길이

학교에서

수학

9시 10분 전에 나는 교실에 들어왔다. 교문을 들어설 때는 8시 40분이었다. 교실에서 실험도 하고, 운동장에서 줄넘기도 했다. 급식실에서 짜장밥도 맛있게 먹었다. 수업을 마치고 과학실에서 늘봄 수업인 '로봇 과학'도 했다. 늘봄 선생님과 함께 교문을 나왔을 때는 3시 10분이었다.

위의 글을 읽고 알맞게 추론한 문장을 고르세요.

① 나는 교문에서 교실까지 20분 만에 들어갔습니다.

② 나는 수업 시간에 늦게 교실에 도착했습니다.

③ 나는 교실에서 늘봄 수업인 '로봇 과학'을 했습니다.

④ 나는 학교에 6시간 30분 동안 머물렀습니다.

앞의 글에서 글쓴이가 교문에 들어선 시각은 8시 40분이고, 교실에 들어간 시각은 8시 50분이에요. 교문 밖으로 나온 시각은 3시 10분이에요. 따라서 학교에 머물렀던 시간을 계산하면 6시간 30분이에요. 오후 3시 10분은 15시 10분이고, 15시 10분에서 8시 40분을 빼면 6시간 30분이에요. 그래서 ④번이 올바른 추론이에요. ①번은, 교문에서 교실까지 20분이 아니라 10분 걸렸으므로 잘못된 추론이에요. ②번은, 교실에 들어간 시각이 8시 50분이었는데, 수업 시간에 늦었는지에 관한 내용이 없으므로 잘못된 추론이에요. ③번은, 늘봄 수업은 과학실에서 진행되었으므로 잘못된 추론이에요.

이어 **생각하기**

(　　)에 알맞은 수를 쓰세요.

그림 그리기를 10시 30분에 시작해서 11시 10분에 마쳤다면, 그림을 그리는 데 걸린 시간은 (　　　)분입니다.

시간 표현

수학

우리는 여러 가지로 시간을 표현해요. 80분이라는 말도 쓰고, 120분, 240분이라는 말도 써요. 1일은 24시간이며 오전과 오후로 나누어요. 밤 12시부터 낮 12시까지를 오전이라고 하고, 낮 12시부터 밤 12시까지를 오후라고 해요. 1주일은 7일이고, 1개월은 28일이거나 29일이거나 30일이거나 31일이에요. 1년은 12개월이에요.

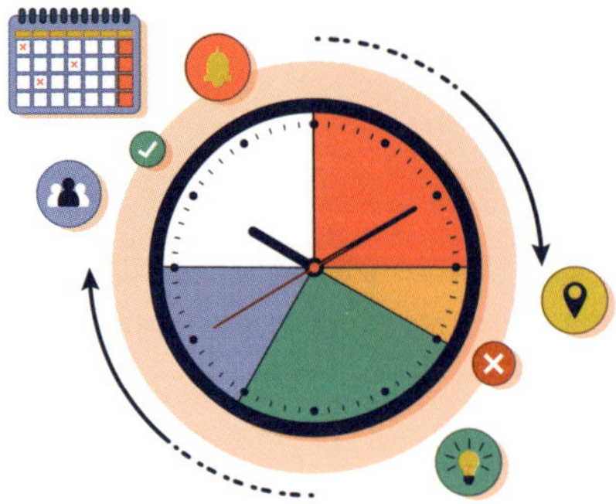

위의 글을 읽고 알맞게 추론한 문장을 고르세요.

① 9월의 마지막 날은 31일입니다.

② 240분은 3시간과 같습니다.

③ 밤 12시는 오전이 시작되는 시각입니다.

④ 낮 12시는 오후가 끝나는 시각입니다.

앞의 글에서 밤 12시부터 낮 12시까지를 오전이라고 했으므로, 밤 12시는 오전이 시작되는 시각이에요. 그러므로 ③번이 올바른 추론이에요. ①번은, 9월은 30일까지 있는 달이므로 잘못된 추론이에요. 1월은 31일, 2월은 28일(또는 29일), 3월은 31일, 4월은 30일, 5월은 31일, 6월은 30일, 7월은 31일, 8월은 31일, 9월은 30일, 10월은 31일, 11월은 30일, 12월은 31일이 있어요. ②번은, 1시간은 60분이어서 240분은 4시간이므로 잘못된 추론이에요. ④번은, 낮 12시는 오후가 시작되는 시각이지 끝나는 시각이 아니므로 잘못된 추론이에요.

이어 **생각하기**

(　)에 알맞은 수를 쓰세요.

이모는 어제 오전 8시에 여행길을 나섰고, 내일 오후 4시에 집에 도착할 예정이랍니다. 그러므로 이모는 (　　　)시간 동안 집 밖에 있을 예정입니다.

이형래 가라사대 놀이

국어

'이형래 가라사대 놀이'를 가장 좋아하는 우리 반 학생 수는 12명이다. '이형래 가라사대 놀이'는 '가라사대'라는 말을 넣지 않은 말을 따라 하면 탈락하는 놀이이다. 이밖에 '단어 뜻을 추론하는 문해력 놀이'는 6명, '끝말잇기 놀이'는 2명, '십자말풀이 놀이'는 4명이 선택했다. 이런 놀이를 잘하려면 집중력과 순발력과 어휘력이 필요하다.

위의 글을 읽고 알맞게 추론한 문장을 고르세요.

① 결석생이 없다면 우리 반 학생 수는 22명입니다.

② '이형래 가라사대 놀이'에서 선생님이 "눈 감아."라고 하면, 눈을 떠야 합니다.

③ 우리 반 학생들이 가장 좋아하는 놀이는 '이형래 가라사대 놀이'입니다.

④ 모든 놀이는 글을 읽고 난 뒤에 말하는 놀이입니다.

앞의 글에서 ‘이형래 가라사대 놀이’를 가장 좋아하는 학생 수는 12명이라고 했으므로 우리 반 학생들이 이 놀이를 가장 좋아한다는 것을 알 수 있어요. 그러므로 ③번이 올바른 추론이에요. ①번은, 글에서 반 학생 수에 대한 정보가 없지만, 좋아하는 놀이 조사에서 한 번만 답했다면, 학생 수는 24명이므로 잘못된 추론이에요. ②번은, ‘이형래 가라사대 놀이’의 규칙에서 ‘가라사대’를 넣어 말하는 것만 따라 해야 하므로 잘못된 추론이에요. ④번은, 문해력 놀이는 글을 읽고 난 뒤에 단어 뜻을 추론하는 것이지만, 다른 놀이는 말로 할 수 있는 놀이이므로 잘못된 추론이에요.

이어 생각하기

다음 글을 읽고 맨 끝에 남은 학생은 어떤 자세를 하고 있는지 쓰세요.

‘이형래 가라사대 놀이’를 시작하겠습니다. 전체 차렷.∨ 열중 쉬어.∨ 가라사대 일어서.∨ 가라사대 머리 위에 손.∨ 가라사대 손뼉 한 번 시작.∨ 빠르게 손뼉 두 번 시작.∨ 가라사대 앞으로 나란히.∨ 왼팔 내려. 가라사대 오른팔 내려.∨

물

국어

물로 밥을 짓고, 국을 끓이고, 손을 씻고, 세수하고, 목욕도 해요. 정수기에서 나오는 시원한 물은 더운 여름에 목마름증 을 없애 주죠. 수돗물은 강이나 호수에서 물을 끌어와 이용하는데, 가뭄이 들면 강이나 호수의 물이 줄어들어요. 오랫동안 계속해서 비가 내리지 않으면 강이나 호수가 마르기도 해요.

위의 글을 읽고 알맞게 추론한 문장을 고르세요.

① 글쓴이는 물이 풍부하다는 것을 말하고 있습니다.

② 글쓴이는 물이 늘 풍부한 것은 아니라고 말하고 있습니다.

③ 글쓴이는 물을 잘 보호하는 방법에 관해 말하고 있습니다.

④ 글쓴이는 물을 지키기 위해 우리가 노력해야 할 일을 말하고 있습니다.

앞의 글에서 글쓴이는 가뭄이 들면 강이나 호수의 물이 줄어들고, 오랫동안 비가 내리지 않으면 강이나 호수가 마른다고 말했어요. 이 말에서 물이 항상 충분하지 않다는 것을 짐작할 수 있어요. 그러므로 ②번이 올바른 추론이에요. ①번은, 글에서는 물이 부족할 수 있다는 내용을 담고 있으므로 잘못된 추론이에요. ③번은, 글에서는 물 보호 방법에 관한 내용이 없으므로 잘못된 추론이에요. ④번도, 물을 지키기 위한 노력에 관한 내용이 글에 없으므로 잘못된 추론이에요.

이어 **생각하기**

앞의 글에는 '오랫동안 계속해서 비가 내리지 않으면 생기는 자연현상'을 일컫는 낱말이 나와요. 그 낱말을 (　　)에 쓰세요.

(　　　　　)

불과 그림자

국어

불과 그림자의 관계를 생각해 보았나요? 부모님과 함께 한옥에 지어진 황토 방에서 호롱불을 켜고 있었어요. 아버지 께서 호롱불을 벽으로 옮겼어요. 호롱의 모습은 벽에 어렴 풋한 그림자를 드리웠지만 호롱불은 그림자가 생기지 않았어요. 아버지께서는 불은 스스로 빛을 내고, 다른 빛이 불을 통과할 수 있어서 그림자가 생기지 않는다고 설명해 주셨어요.

위의 글을 읽고 알맞게 추론한 문장을 고르세요.

① 우리 조상이 호롱불을 사용했던 방법을 설명하고 있습니다.

② 호롱을 벽 가까이 놓으면 호롱의 불꽃 그림자가 생깁니다.

③ 어두운 방에서도 호롱에 켠 불의 그림자는 보이지 않습니다.

④ 호롱불 그림자는 어두운 곳에서는 언제나 뚜렷하게 보입니다.

앞의 글에서 불은 스스로 빛을 내며, 다른 빛이 통과할 수 있어서 그림자가 생기지 않는다고 설명했어요. 즉, 눈으로 볼 때 불은 그림자가 없는 것처럼 느껴지는 거예요. 그러므로 ③번이 올바른 추론이에요. ①번은, 글은 조상들의 생활 방식이나 호롱불 사용법을 다루는 게 아니라, 불과 그림자의 관계를 설명하고 있으므로 잘못된 추론이에요. ②번은, 글에서는 호롱의 불 자체는 그림자가 생기지 않는다고 했으므로 잘못된 추론이에요. 호롱불이 아니라 호롱의 그림자가 생긴 거예요. ④번은, 호롱불은 그림자가 생기지 않는다고 했으므로 '언제나 뚜렷하게 보인다'라는 것은 잘못된 추론이에요.

이어 **생각하기**

(　　)에 알맞은 낱말을 쓰세요.

물체에 빛을 비추었을 때 그림자가 생기는 이유는 빛이 물체를 (　　　　)하지 못하기 때문입니다.

소원을 이루어주는 꽃

국어

"올빼미님, 소원을 이루어주는 꽃을 만나는 방법을 가리켜 주세요."

"너는 사람들을 위해 애썼으니, 네 소원은 꼭 들어줄 거야. 향기로운 이 냄새를 따라 계속 가 봐."

강아지는 올빼미가 가리킨 곳으로 가서 소원을 이루어주는 꽃을 만났어요.

"강아지 너는 무엇을 이루고 싶니?"

"저는 사람이 되고 싶어요!"

강아지는 진지한 목소리로 말했어요.

"뭐라고?"

소원을 이루어주는 꽃은 예상치 못한 말에 깜짝 놀랐어요.

위의 글을 읽고 알맞게 추론한 문장을 고르세요.

① 이 이야기는 마침표보다 물음표와 느낌표를 더 많이 사용했습니다.

② 첫째 문장에 쓰인 '가리켜'를 '가르쳐'로 바꾸어야 합니다.

③ 소원을 이루어 주는 꽃은 강아지의 소원을 잘 알고 있습니다.

④ 강아지는 장난삼아 사람이 되고 싶다고 말했습니다.

앞의 글 "올빼미님, 소원을 이루어주는 꽃을 찾는 방법을 가리켜 주세요."에서 '가리켜'는 손이나 어떤 도구로 방향이나 대상을 집어서 보이는 것을 뜻해요. 글을 보면, 강아지는 소원을 이루어주는 꽃을 만나는 방법을 알려 달라고 요청하고 있어요. '깨닫게 하다'라는 뜻은 '가르쳐 주세요'가 맞는 표현이에요. 그러므로 ②번이 올바른 추론이에요. ①번은 글에서 물음표, 느낌표보다 마침표를 더 많이 사용했으므로 잘못된 추론이에요. ③번은 꽃은 강아지의 소원을 묻고 나서야 알게 되므로, 강아지의 소원을 미리 알고 있다고 추론할 수는 없어요. 잘못된 추론이에요. ④번은, 글에서는 "진지한 목소리로 말했어요."라고 표현했기 때문에 장난삼아 말했다는 추론은 맞지 않아요.

이어 **생각하기**

(　　)에 '가리켰다'와 '가르쳤다'를 알맞게 쓰세요.

선생님은 창밖의 나무를 (　　　　　　　　　).

나는 동생에게 노래를 잘하는 방법을 (　　　　　　　　　).

반려견의 배변

국어

똥이 있어야 할 곳은 어디입니까? 사랑하는 반려견에게 미안하지 않나요? 반려견이 밟지 않게, 빠르게, 정확하게. 반려견 보호자님, 우리 모두 실천해요.

위의 글을 읽고 알맞게 추론한 문장을 고르세요.

① 반려견은 정해진 장소에서 배변해야 합니다.

② 반려견은 실내에서만 배변 활동을 해야 합니다.

③ 반려견 보호자는 반려견의 똥을 신속하게 치워야 합니다.

④ 반려견 보호자는 반려견의 똥을 밟지 않도록 주의해야 합니다.

"반려견이 밟지 않게, 빠르게, 정확하게." 이 말은 반려견의 배변 처리를 빠르고 정확하게 해야 한다는 의미로 추론할 수 있어요. 또 "우리 모두 실천해요."라는 말은 책임 있는 행동을 하자는 권유이므로 ③번이 올바른 추론이에요. ①번은, 글에서는 배변 장소의 '정해진 규칙'에 대한 내용은 없으므로 잘못된 추론이에요. ②번은, 실내와 실외 구분은 글에 없으므로 잘못된 추론이에요. ④번은, 글에서는 반려견이 똥을 밟지 않게 하자고 했으므로 잘못된 추론이에요.

이어 **생각하기**

산책 중 반려견이 배변한 것을 신속하게 치우는 방법으로 옳은 것에 밑줄 치세요.

반려견의 배변을 흙 속에 묻는다.

반려견의 배변을 나무 밑에 옮겨 놓는다.

반려견의 배변을 휴지로 덮어 놓는다.

반려견의 배변을 비닐봉지에 담아 쓰레기통에 넣는다.

이어 생각하기 답 예시

15쪽
④ 몰리카

17쪽
① 평화롭다

19쪽
(깡충깡충, 엉금엉금, 종종, 터벅터벅, 딱)

21쪽
(속이 답답하다, 속을 끙끙 앓다, 속이 후련하다)

23쪽
순서: 첫째, 둘째, (셋째), 넷째, 다섯째, 여섯째, (일곱째), (여덟째), (아홉째), 열째, ……

횟수: 첫 번째, 두 번째, 세 번째, 네 번째, 다섯 번째, 여섯 번째, 일곱 번째, (여덟) 번째, 아홉 (번째), 열 번째, ……

25쪽
선생님: 25 → 학생: (23, 24, 26, 27)

선생님: (39) → 학생: 37, 38, 40, 41

27쪽
형의 서랍에서 사탕 하나를 (감쪽같이) 꺼냈다.

29쪽
(안전모, 무릎 보호대, 팔꿈치 보호대, 장갑, 보안경)

31쪽
이 글에는 (나, 글쓴이)에게 일어난 일과 그 일에 대한 글쓴이의 (기분, 마음, 감정)이 잘 드러나 있습니다.

33쪽
상자 모양: 텔레비전, (지우개, 사물함)

기둥 모양: 천막 기둥, (물통, 연필)

공 모양: 알사탕, (지구본, 배구공)

35쪽
쌍받침: 닦다, (볶다, 솎다)

겹받침: 값, (삶, 넋)

37쪽
(벽돌): (구르지는 않지만 잘 쌓을 수 있어.)

39쪽

차도를 달리던 자동차의 운전자가 눈앞의 횡단보도 신호등이 방금 초록불로 바뀐 것을 미처 발견하지 못할 수도 있다. 그러므로 보행자는 횡단보도 신호등에 초록불이 켜졌어도 교통사고를 예방하기 위하여 잠시 주위를 살펴 자동차가 멈춘 것을 확인하고 길을 건너야 한다.

41쪽

물새의 일종이며, 키는 최대 100cm이고, 몸무게는 1~2kg이다. 왜가리는 여러 소리를 내지만 곱지는 못하다. 그래서 마구 소리를 질러대는 사람을 "왜가리처럼 소리 지른다."라고 표현하기도 한다. 그 소리가 '으악-으악' 하는 것처럼 들려 왜가리를 '으악새'라고도 부른다.

43쪽

2×(3)과 3×(2)의 값은 모두 6입니다.

45쪽

미술 작품을 (눈, 마음)으로만 감상한다.

47쪽

(20) 빼기 (15)는 5와 같습니다.

49쪽

23(+)15(—)6=(32)

51쪽

② 운동장에 수돗물을 뿌리기

53쪽

5−3=2

5−2=3

55쪽

나는 화분에 (토마토)를 심고 매일 물을 주었다. 작은 잎이 쑥쑥 자라더니 어느새 빨간 (토마토)가 열렸다. 토마토를 보고 "너 정말 대단해."라고 말했다.

57쪽

사과는 크지만, 방울토마토는 (작다).

공룡은 (크지만), 도마뱀은 작다.

축구공은 크지만, (탁구공)은 작다.

59쪽

발표자가 너무 큰 목소리로 발표하면 듣는 사람들은 시끄러워서 불편하고, 반대로 너무 작은 목소리로 발표하면 잘 알아듣기 힘들기 때문입니다.

61쪽

책상은 (의자)보다 (큽니다.)

63쪽

10보다는 작고, 5보다는 큰 수는 (6, 7, 8, 9)입니다.

65쪽

애호박 고추장찌개: 애호박, 고추장, 대

파, 두부, 돼지고기
부추 달걀말이: 부추, 당근, 대파, 달걀, 소금

67쪽

한자어 우리말: (구십(九十))
순우리말: (아흔)

69쪽

개구리는 물을 좋아하는 동물이에요. 개구리는 습한 곳에서 (겨울잠)을 자요. 봄이 되면 개구리가 잠에서 깨어나 활동해요.

71쪽

짝수+짝수=(짝수)
홀수+홀수=(짝수)
짝수+홀수=(홀수)

73쪽

친구에게 (허락, 승낙)을 받고 친구 물건을 만진다.
친구에게 (허락, 승낙)을 받고 친구 물건을 사용한다.

75쪽

달걀 한 판은 30개이고, 공책 한 (묶음)은 10권이고, 연필 한 다스는 (12)자루이다.

77쪽

매화나무: 꽃을 (매화)라고 부르고 열매를 (매실)이라고 부른다.
살구나무: 꽃을 (행화)라고 부르고 열매를 (살구)라고 부른다.

79쪽

(1)개

81쪽

서양의 용은 공룡을 바탕에 두고 상상한 모습이지만, 동양의 용의 몸통은 뱀(구렁이)을 바탕에 두고 상상한 모습입니다. 머리는 낙타, 뿔은 사슴, 눈은 토끼, 비늘은 잉어, 발톱은 매, 주먹은 호랑이를 닮은 모습입니다.

83쪽

<u>11</u>, 8, <u>9</u>
<u>32</u>, <u>8</u>, 20
<u>55</u>, <u>15</u>, 9

85쪽

마찬가지로 배는 가라앉게 될 것이고, 바닷물은 단맛이 나게 되었을 것이다.

87쪽

(9)시 (50)분부터 (10)시 (30)분까지

89쪽

아침, 점심, 저녁, 밤

91쪽

비눗물은 깨끗한 물이 아니어서 꼭 하수도로 흘려보내야 한다. 그렇지 않고 맨땅이나 하천에 그냥 버리면 땅과 하천이

오염된다.

93쪽

4교시 수업이 끝난 시각은 (12시 10분) 입니다.

95쪽

◁의 자형: (예)
△의 자형: (호)
◇의 자형: (솔)
□의 자형: (알)

97쪽

강아지 종류: (갈색 푸들)
강아지 수: (10)마리

99쪽

감 → (검)
팔 → (풀)
발 → (볼)

101쪽

여러 종류의 책이 있어요. 그림책, 동화책, 시집, 소설책, 산문집, 역사책, 과학책, 학습서, 만화책 등이 있어요. 그중 자신이 좋아하는 종류의 책에는 어떤 특징이 있을 거예요. 웃긴 얘기가 많이 담긴 만화책이라든가, 마음에 감동을 주는 동화책이라든가, 옛날의 큰 사건을 알려주는 역사책이라든가, 새로운 사실을 알려주는 과학책이라든가…… 이런 특징들과 독자인 자신이 관심 있는 것을 생각하여 답변했기를 바라요.

103쪽

백의 자리는 (8)이고 (800)을 나타냅니다.
십의 자리는 (4)이고 (40)을 나타냅니다.
일의 자리는 (3)이고 (3)을 나타냅니다.

105쪽

도서관

107쪽

912 → (812) → (712) → 612 → (512)……

109쪽

망원경으로 달의 분화구를 본 것 (발견)
빛을 내는 전구를 만든 것 (발명)
깊은 바다에서 새로운 생물을 찾아낸 것 (발견)
오래된 유물을 땅에서 파낸 것 (발견)

111쪽

③ 맑고 건강한 내면

113쪽

843은 '일의 자리 수'가 (3)을 나타내고, '십의 자리 수'는 (40)을 나타내고, '백의 자리 수'는 (800)을 나타냅니다.

115쪽

친구 집에 놀러 갔더니 하필 친구가 여행을 떠났다. 가는 날이 장날이다. (부정)
과자를 사러 마트에 갔는데 그 과자를 '1+1' 판매했다. 가는 날이 장날이다. (긍정)

117쪽

수 카드 4, 2, 9로 만들 수 있는 '세 자리 수'에서 가장 큰 수는 (942)이며, 가장 작은 수는 (249)입니다.

119쪽

훈민정음은 백성을 가르치는 (바른 소리)라는 뜻입니다.

121쪽

나는 변이 4개인 도형이야. 나의 모든 변의 길이는 같고, 모든 각의 크기도 같아. 그래서 나는 (정사각형)이야.

123쪽

(잠자리)

125쪽

(5)×(3)=(15)

127쪽

배 치기

129쪽

수 카드의 수는 (8)과 (5)입니다.

131쪽

정말 미안해.

133쪽

젓가락은 바늘보다 (길다).
발가락은 손가락보다 (짧다).

135쪽

(팔 길이, 발 길이, 다리 길이……)

137쪽

땅 위에서 사는 동물: 구렁이, 타조, 코알라, 치타, 메뚜기, 호랑나비
물속에서 사는 동물: 상어, 돌고래, 잉어, 멸치

139쪽

(12)묶음

141쪽

새로운 동화책을 성큼 잡으면
재밌는 동화책과 달리기 한 판.
오늘도 동화책은 나에게 재밌는 얘기를 해 준다.
동화책 한 권을 다 읽었다.
늘 주기만 하는 동화책.
다른 동화책아, 내일 또 놀자.

143쪽

그러므로 사과는 (15)개이고, 배는 (5)개이며, 포도송이는 (10)개입니다.

145쪽

할머니를 발견한 백구는 꼬리를 흔들어 반기며, 할머니를 향해 펄쩍펄쩍 뛰며 기뻐했을 것입니다.

147쪽

이불에 그려진 별의 수를 2배로 늘렸습니다. 그랬더니, 이불의 가로 별은 모두

18개였고, 이불의 세로 별은 모두 (7)개였습니다.

149쪽

친구와 다툰 일, 아이스크림을 너무 많이 먹어서 배탈 난 일, 숙제 준비를 안 해서 창피했던 일, 엄마께 거짓말해서 꾸중 들었던 일, 힘든 일을 하시는 동네 할머니를 안 도와드려서 미안했던 일……

151쪽

횡단보도를 건너려고 기다리던 보행자가 숫자 1이 되자마자 곧바로 건너지 않게 하려고. 즉, 보행자가 급히 서두르면 자칫 교통사고를 당할 수 있으므로 교통사고를 예방하기 위해서.

153쪽

3075, 3570, 5073, 5370

155쪽

미리는 주영이의 그림을 평가하면서 칭찬하는 까닭("노란색이 풍부해서 따뜻한 느낌이 들어서 참 좋아.")까지 말했어요. 즉, 그냥 하는 빈말이 아니라, 진짜로 칭찬하는 마음이 주영이에게 전달되었던 거예요. 그래서 고마워했을 거예요.

157쪽

(20)명

159쪽

④ 선 앞에서 점프하여 모래밭에 떨어진 곳까지의 길이

161쪽

그림을 그리는 데 걸린 시간은 (40)분입니다.

163쪽

이모는 (56)시간 동안 집 밖에 있을 예정입니다.

165쪽

자리에 서서 왼팔만을 앞으로 뻗고 있습니다(왼팔은 앞으로 나란히 하고, 오른팔은 내리고 있습니다.).

167쪽

(가뭄)

169쪽

빛이 물체를 (통과)하지 못하기 때문입니다.

171쪽

선생님은 창밖의 나무를 (가리켰다).
나는 동생에게 노래를 잘하는 방법을 (가르쳤다).

173쪽

반려견의 배변을 비닐봉투에 담아 쓰레기통에 넣는다.